SONINO

ROME

CAMPAGNE DE ROME

HERCULANUM

PALERME

FLORENCE

PAUSILIPPE

POMPEI

VENISE

GÊNES

ROME   NAPLES

L'ITALIE,

LA SICILE, LES ILES ÉOLIENNES, L'ILE D'ELBE,

la Sardaigne, Malte, l'île de Calypso, etc.

D'après les inspirations, les recherches et les travaux,

DE MM. LE VICOMTE DE CHATEAUBRIAND, DE LAMARTINE, RAOUL-ROCHETTE, LE COMTE DE FORBIN, PIRANESI, MAZZARA,

ET DE NAPOLÉON, DENON, SAINT-NON, LORD BYRON, GOETHE, VISCONTI, CICOGNARA, LANZI, DE BONSTETTEN, SWINBURNE, ETC.

PIÉMONT, SARDAIGNE, SIMPLON.

PAR M. HYP. HOSTEIN,
ET REVUE PAR M. ALEXANDRE DUCHESNE.

SITES, MONUMENS, SCÈNES ET COSTUMES,

D'APRÈS Mᵐᵉ. HAUDEBOURT-LESCOT, MM. HORACE-VERNET, GRANET, ISABEY, CICERI, MAZZARA, LE MAJOR LIGHT, LE CAP. BATTY, COOKE, GELL ET GANDY, PINELLI, ET BEAUCOUP D'ARTISTES ITALIENS.

RECUEILLIS ET PUBLIÉS PAR AUDOT FILS,
Membre de la Société de Géographie.

Paris.

AUDOT, LIBRAIRE-ÉDITEUR,
RUE DU PAON, 8, ÉCOLE DE MÉDECINE.

1836.

PISE

MILAN

BOLOGNE

IMPRIMERIE ET FONDERIE DE FAIN, RUE RACINE, Nº 4.

L'ITALIE,

LA SICILE, LES ILES ÉOLIENNES, L'ILE D'ELBE,

LA SARDAIGNE, MALTE, L'ILE DE CALYPSO, ETC.

D'APRÈS LES INSPIRATIONS, LES RECHERCHES ET LES TRAVAUX

DE MM. LE VICOMTE DE CHATEAUBRIAND, DE LAMARTINE, RAOUL-ROCHETTE,
LE COMTE DE FORBIN, PIRANESI, MAZZARA,

ET DE NAPOLÉON, DENON, SAINT-NON, LORD BYRON, GŒTHE, VISCONTI, CICOGNARA, LANZI,
DE BONSTETTEN, SWINBURNE, ETC.

PIÉMONT, SARDAIGNE, SIMPLON.

PAR M. HYP. HOSTEIN.

ET REVU PAR M. ALEXANDRE DUCHESNE.

SITES, MONUMENS, SCÈNES ET COSTUMES,

D'APRÈS M^{mc.} HAUDEBOURG-LESCOT, MM. GRANET, ISABEY, HORACE-VERNET, CICERI, MAZZARA,
LE MAJOR LIGHT, LE CAP. BATTY, COOKE, GELL ET GANDY, PINELLI,
FERRARI, ET BEAUCOUP D'ARTISTES ITALIENS.

RECUEILLIS ET PUBLIÉS PAR AUDOT PÈRE,
Membre de la société de Géographie.

Paris.

AUDOT, LIBRAIRE-ÉDITEUR,
RUE DU PAON, 8, ÉCOLE DE MÉDECINE.

1837.

L'ITALIE.

PIÉMONT, SARDAIGNE, SIMPLON.

LA SPEZIA.

Nous avons quitté Carrare et ses inépuisables carrières de marbre. Nous nous engageons dans un pays sauvage, accidenté, dans lequel la nature et les hommes ont jeté çà et là l'un des vallons, des montagnes, des rochers : les autres des chaumières et des châteaux. Tenez, arrêtons-nous ici: nulle part vous ne trouverez de site plus pittoresque. Voici à gauche et à droite des hauteurs formidables ; celles de droite sont couronnées d'édifices modernes ; dans la vallée qui s'étend à vos pieds coule un joli fleuve aux mille replis sinueux, tandis qu'au fond du tableau, au milieu des jours que laissent entre eux les mamelons d'une infinité de collines, vous apercevez un immense horizon brumeux, où vous voyez luire, de temps en temps, de larges écailles lumineuses. C'est la mer éclairée çà et là par le soleil (Pl. 253).

Cette belle avenue d'acacias que vous apercevez là-bas, va nous conduire à la Spezia.

Le golfe qu'on appelle ainsi était autrefois, dit-on, le port célèbre de l'ancienne ville de Luni, une des plus florissantes colonies étruriennes qui fut engloutie par les eaux de la mer. C'est là que vinrent jeter l'ancre les flottes nombreuses des Orientaux, qui imposèrent leur gouvernement, leur religion et leurs mœurs aux Aborigènes, habitans de cette portion de l'Italie.

La Spezia était appelée, sous l'administration française, à de hautes destinées. Mais ce vaste établissement militaire et maritime, cet Anvers de la Méditerranée, projeté par Napoléon, ne pouvait être créé à la Spezia même, car la profondeur des eaux qui baignent son rivage a été fort diminuée par des alluvions successives. Une position superbe serait le plateau qui domine les anses de Castagno, de Porto-Venere, de Varignano et des *Grazie*.

LA SARDAIGNE.

Il existe dans la Méditerranée, à peu de distance du continent de l'Italie, une île qui fait partie des états du roi de Piémont. Cette île est la *Sardaigne* (1). Rien de plus vulgaire que le nom. Rien de moins approfondi que la chose. La Sardaigne est si peu connue (j'en demande pardon au dix-neuvième siècle), qu'un écrivain, dont je ne me rappelle plus le nom, en ayant assez récemment donné une description sommaire, un plaisant s'écria que l'auteur avait *découvert une île dans la Méditerranée !*

Assurément ce n'est point une des moindres singularités de notre temps, que l'ignorance à peu près absolue à laquelle on est réduit sur une île qui, depuis un siècle, donne son nom à un royaume dont les souverains tiennent les clefs de l'Italie, et ont figuré avec distinction dans les guerres qui agitèrent notre occident, ainsi que dans les traités qui les ont terminées. Qu'il nous soit donc permis de consigner ici les détails les plus nouvellement recueillis sur la Sardaigne.

Embarqués à la Spezia, nous nous dirigeons d'abord vers la Corse. Passant entre elle et l'île d'Elbe, nous longeons toute la côte orientale de l'antique Sardinia, qui se trouve couchée dans la Méditerranée comme un immense banc de sable; puis, inclinant un peu vers le sud-ouest, nous abordons au golfe de Cagliari, où se trouve un des douze ports de l'île que nous venons de visiter. Ce golfe est placé sur la route de presque tous les vaisseaux qui du levant vont dans l'Ouest et dans le nord de la Méditerranée. Grâce à lui, si le commerce de l'Inde reprenait un jour la route de Suez et de la mer Rouge, la Sardaigne pourrait devenir la plus belle et la plus commode échelle de cette mer. Rien n'est d'ailleurs comparable à cette île, elle fut autrefois, et est toujours, remarquable par sa rare fertilité et la beauté pittoresque de ses sites (1).

D'après le témoignage de quelques historiens, ce furent d'anciens Grecs qui, les premiers, abordèrent en Sardaigne. Frappés de la configuration de cette île, analogue à celle du pied humain, ils nommèrent la terre nouvelle *Ichnusa*, ou plante de pied. C'est ainsi qu'ils comparèrent les Abruzzes à une feuille de chêne, le Peloponèse à une feuille de platane, la Mésopotamie à une galère. Bientôt des Libyens, sous la conduite de Sardan, s'emparèrent d'Ichnusa, qui prit alors le nom du nouveau conquérant. Le nom d'un poisson fort estimé (la sardine), qu'on pêche abondamment sur les côtes de cette île, remonte aussi à la même origine.

Méduse, que les poëtes des temps fabuleux ont représentée comme une magicienne entourée de serpens, et qui n'était que la plus belle des princesses de son temps, naquit, dit-on, en Sardaigne, où elle régna quelques années. On montre encore, entre les villages de Laconi et de Sorgano, une

(1) On passe en une heure de Corse en Sardaigne. Ces deux îles paraissent avoir été unies autrefois.

(1) Malgré ces avantages, l'*intempérie* de la Sardaigne est si grande, que les Romains en faisaient un lieu d'exil pour leurs criminels.

construction originale que la tradition nomme le palais de Méduse.

M. Saint-Severin, qui a fait un assez bon livre sur la Sardaigne, divise l'histoire de cette île en trois époques : la première comprend l'arrivée des Grecs, des Ibériens, des Thespiens, des Troyens, et enfin des Libyens. La seconde époque date de l'invasion des Carthaginois, qui furent ensuite obligés de céder la Sardaigne aux Romains, victorieux dans les guerres puniques. Cette cession ouvre une troisième époque, qui fut la plus brillante de toutes pour l'antique Ichnusa. Pendant huit siècles la Sardaigne resta soumise au joug des Romains. Ce fut dans cet intervalle que saint Paul, à son passage d'Afrique en Espagne, vint jeter dans cette île les semences de la religion chrétienne.

A la puissance romaine succéda celle du bas-empire (quatrième époque). Enfin, depuis Charlemagne (cinquième époque), la Sardaigne dut être considérée comme partie de l'empire d'Occident. Conquise par les Maures au dixième siècle, après l'entière chute de l'Espagne ; disputée par les Génois et les Pisans, qui obtinrent de l'empereur Barberousse la possession définitive de l'île ; reprise par Jacques, roi d'Aragon, qui en reçut l'investiture du pape Boniface VIII ; illustrée par le règne de Charles-Quint, et remise définitivement par les Espagnols entre les mains de la maison de Savoie, après le traité de 1720 ; la Sardaigne commence à goûter après tant de vicissitudes les fruits de la paix et ceux d'une civilisation européenne.

Après cette rapide esquisse de l'histoire sarde, signalons deux circonstances très-remarquables, l'une le courage et l'amour de l'indépendance

P.

que les Sardes, si souvent conquis et presque toujours incomplétement soumis, ont manifesté à toutes les époques de leur histoire, ce qui leur a fait appliquer à juste titre par Tacite ce mot devenu proverbial : *jam domiti ut pareant, nondum ut serviant;* « maintes fois soumis à l'obéissance, jamais à l'esclavage. » L'autre circonstance à noter est l'état florissant de l'île sous la domination romaine ; prospérité attestée par les vestiges des routes dont les Romains avaient percé la Sardaigne, et par les nombreux monumens de tous genres dont ils l'avaient ornée. Tout semble prouver qu'à cette époque la population était bien plus considérable qu'elle ne l'est aujourd'hui, et qu'elle jouissait d'une aisance qui s'étendait même aux peuplades de l'intérieur. Nouveau témoignage des soins que prenaient ces conquérans pour rendre leurs victoires utiles à la fois aux vaincus et aux vainqueurs, expiant en quelque sorte le sang répandu, et la servitude qu'ils imposaient, par les bienfaits de la civilisation. Après la domination romaine, la Sardaigne fut soumise aux differens états de l'Italie. La position de l'île, son voisinage du continent, l'empêchaient en effet d'être long-temps indépendante. Mais les Sardes, presque toujours livrés à des gouverneurs étrangers, ont rarement joui des bienfaits d'une administration protectrice, et une grande partie de l'île est toujours demeurée à demi sauvage. De là sans doute le peu d'intérêt que lui ont témoigné les peuples plus civilisés. Cependant, l'île et ses habitans ne méritaient point cet injurieux oubli. L'une par les dons que la nature lui a prodigués, les autres par leurs qualités, l'intelligence, le courage, l'agreste originalité de leur caractère, sont dignes de l'attention et de l'intérêt des étrangers. La position géographique de la Sardaigne ouvre ses ports et ses rades au commerce, et appelle l'industrie nationale et exotique. Le défaut de communications intérieures, des institutions vicieuses et trop favorables à l'indolence que semble entretenir la chaleur du climat, l'esprit de division, long-temps fomenté par les dominateurs de l'île, une administration trop souvent étrangère à ses intérêts, enfin le goût du brigandage (1), ont paralysé jusqu'à ces derniers temps, les facultés des Sardes, et condamné l'agriculture et l'industrie nationales à une inertie, à une routine fatales à tous progrès. Les haines et les vengeances héréditaires et individuelles n'ont pas été un fléau moins funeste pour ce pays que pour la Corse. On frémit en apprenant que, sur une population de quatre cent soixante-dix mille habitans environ on comptait par an plus de mille meurtres causés par ces animosités barbares, et qu'il périssait ainsi chaque année un habitant sur quatre cent soixante-dix.

Il arriva même dit-on, que des femmes sardes montrèrent chaque jour à leur fils, jeune encore, la chemise ensanglantée de leur père assassiné, pour les exciter à la vengeance.

On raconte aussi qu'un homme en Sardaigne se tint pendant sept ans plusieurs heures du jour sur un arbre pour tirer vengeance de son ennemi, et qu'en effet il le tua au bout de ce terme.

Ce qui nuit encore aux intérêts agricoles de la Sardaigne, ce sont quantité de fiefs qui absorbent le numéraire sans encourager la culture du territoire. La féodalité existe en effet dans la Sardaigne. On y compte trois cent soixante-seize fiefs; mais l'autorité royale a beaucoup modifié leur influence. Les soins bienfaisants de l'administration piémontaise promettent aux Sardes des améliorations dont les effets se font déjà sentir. Les établissemens d'instruction publique ont été l'objet d'une vigilance attentive aux progrès de l'enseignement. Un corps d'ingénieurs pour les ponts et chaussées a été établi en Sardaigne. Le gouvernement a fait créer des communications entre les diverses parties de l'île, et une grande route frayée entre les deux villes principales, Cagliari et Sassari, situées aux deux extrémités du pays, a déjà mis un terme, par le moyen de relations faciles et habituelles, aux animosités qui séparaient encore plus que les distances les habitans de ces deux cités.

Cinq chaînes de montagnes s'élèvent sur la surface de la Sardaigne. La première, la plus haute et la plus longue, commence *aux Bouches de Boniface*, et va se terminer dans la mer, au cap Carbonara. On y remarque les deux monts les plus élevés de l'île, la Gennargentu et la Lymbarra. La Gennargentu est la seule montagne de Sardaigne qui conserve la neige une partie de l'été; elle en fournit à la capitale, à Oristano, et souvent à Sassari. La seconde chaîne part du cap de la Frasca, près du golfe d'Oristano, et va se per-

---

(1) Les bandits sont très-communs en Sardaigne et en Corse. Quelquefois le gouvernement fait une sorte de trève avec une partie d'entre eux pour obtenir la remise des plus scélérats. Les mœurs de ces brigands sont d'ailleurs tout-à-fait caractéristiques. Qu'on en juge par le trait suivant. Pierre Mamia était ennemi juré de Pompita. Le premier tombe dans les mains des troupes royales. Pompita l'apprend; il court, arrive, et délivre son ennemi. Il lui remet les armes, et lui dit : « Tu es mon ennemi, Mamia, mais tu ne périras pas sur l'échafaud. Je te donne trois jours pour rassembler tes amis. Ensuite nous nous battrons à mort. Tiens-toi pour averti, et prends garde à toi. »

Cagliari

Sanluri.

Sardicana. Costumi del Mezzogiorno.   Cagliari.   Sardaigne. Costumes du Sud.

Sassari.

Charnelat del.   Andr. edd.   E. Neustatt sc.

Oristano.

Sardegna. Costumi del Nord.   Sardaigne. Costumes du Nord.

dre au cap Tenlada. La troisième, qui
n'est qu'une continuation de la seconde,
est celle de la Nurra, qui occupe le
nord de la Sardaigne occidentale. Les
deux autres, qui s'élèvent en quelques
endroits à une hauteur de sept cents
mètres, sont les monts d'Ales et ceux
de Santa-Lussurgia, qui vont se perdre dans la mer de Corse. La Sardaigne renferme cependant aussi d'assez grandes plaines, dont la plus
considérable, connue sous le nom de
Campidano, et commençant près de
Cagliari, est renommée pour son étendue et sa fertilité.

Les habitans comptent quatre fleu-
ves, dont le Tirse est à peu près le
seul digne de ce nom: il partage l'île
en deux portions presque égales, et va
se jeter dans le golfe d'Oristano. Il
paraîtrait, d'après quelques observations savantes, que la Sardaigne possède soixante-dix volcans éteints.
Suivant un relevé de quelques pièces
extraites des archives des autorités
civiles de l'île, la population a éprouvé epuis un demi-siècle deux mouvemens opposés. Le premier, qui date de
la mort du roi Charles-Emmanuel, en
1775, et finit en 1816, a été rétro-
grade. Le second mouvement, qui s'est
opéré à partir de cette époque, et depuis que de nouve les communications
se sont établies au dehors, a été pro-
gressif. On compte aujourd'hui en
Sardaigne quatre cent quatre-vingt-
dix mille habitans.

L'espèce humaine ne semble point
avoir échappé dans cette île à la loi de
rapetissement qui pèse ici sur tous les
êtres animés. Mais la stature médiocre
des Sardes est compensée par la beauté
des formes et par une grande vigueur
musculaire. Doué d'une rare activité
d'esprit, ce peuple montre beaucoup de
goût et d'aptitude pour les lettres et

pour la poésie. Il est naturellement
hospitalier, et laborieux par boutades.
La chasse, la danse et les plaisirs de
la table sont vivement goûtés par lui.
Curieux du luxe dans les vêtemens, il
ne sait point thésauriser. La paix des
ménages est rarement troublée, et l'u-
nion dans les familles a quelque chose
de patriarcal. Les vengeances si com-
munes en Sardaigne sont les causes
ordinaires des meurtres qui s'y com-
mettent.

On remarque avec curiosité l'importance que les Sardes, dans leurs di-
vertissemens, attachent à la manière
dont les danseurs donnent la main
aux danseuses. Les femmes mariées,
ou engagées par promesse de mariage,
peuvent placer leurs mains paumes contre paumes, et entrelacer leurs doigts;
mais malheur à l'homme qui agirait
ainsi avec une fille qu'il ne serait point
disposé à épouser, ou avec la femme
d'autrui. J'ai encore observé avec intérêt l'usage fraternel de la ponidura
ou paradura, véritable quête de bétail,
que tout berger qui a éprouvé des
pertes, et qui veut remonter son trou-
peau, est autorisé à faire dans le canton
et même dans les cantons voisins.

Quant à l'extérieur des habitans,
dont le costume a été représenté avec
exactitude dans les planches 254 à
257, on dirait que La Bruyère a-
vait été en Sardaigne lorsqu'il dit:
« On voit certains animaux farouches,
mâles et femelles, répandus par la campagne, noirs, livides, et tous brûlés du
soleil, attachés à la terre qu'ils fouil-
lent et qu'ils remuent avec une opiniâ-
treté invincible, ils ont comme une
voix articulée, et quant ils se lèvent
sur leurs pieds ils montrent une face
humaine, et en effet ils sont des hommes; ils se retirent la nuit dans des
tanières, où ils vivent de pain noir,

d'eau et de racines. Ils épargnent aux autres hommes la peine de semer, de labourer et de recueillir pour vivre, et mériteraient ainsi de ne pas manquer de ce pain qu'ils ont semé. »

Il y a divers dialectes en Sardaigne : le catalan, le génois et le patois corse. La langue sardé est d'ailleurs mélangée d'arabe, de grec et d'espagnol. Une particularité de cette langue est de n'avoir pas de futur, ce qui a fait dire que les Sardes ne s'occupaient point de l'avenir.

Parmi les villes principales de la Sardaigne, nous avons déjà cité Cagliari, chef-lieu de la partie méridionale de l'île. On a donné (Pl. 254) une vue de cette ville, qui se divise en quatre parties, savoir : 1° le château, qui peut être considéré comme la ville propre ou la cité, et qui contient le palais des vice-rois, les habitations des magistrats et de la noblesse, l'église cathédrale, bâtie sur les fondations d'un temple édifié par Constantin; 2° le faubourg de la Marina; 3° celui de la Stampace; 4° celui de Villanova. Lorsque la ville de Cagliari passa sous la domination de la maison de Savoie, sa population n'était que de 15,000 âmes : elle en compte aujourd'hui 22,000 au moins.

Après Cagliari, la ville de Sassari, chef-lieu de la partie septentrionale, est la seconde cité du royaume. On y trouve des eaux vives qui manquent absolument à Cagliari, où l'on n'a pour boire que de l'eau de citerne. La population de Sassari est d'environ 18 à 19,000 âmes. La Sardaigne possède encore quelques autres belles villes, parmi lesquelles nous nous bornerons à citer Oristano, archevêché, ville dont la population est de 5 à 6,000 âmes.

La Sardaigne fournit au commerce une grande quantité de fromages, dont les lazzaroni de Naples assaisonnent leur macaroni, grâce au sel qui domine dans ces fromages. Le froment de l'île a aussi une réputation méritée. Le corail des côtes de la Sardaigne est le plus beau qu'on connaisse, et les thons, qu'on pêche dans les parages de l'île, s'élèvent quelquefois à plus de cent mille par an, ce qui serait pour l'état sarde un revenu annuel d'environ deux millions de francs. Lorsqu'on a pris le thon, on le conduit dans de grandes hâles au bord de la mer, par le moyen de barques. Ces hâles se nomment en langue sarde *marfaraghi*. Là on coupe la tête des poissons, ensuite chacun d'eux, si gros qu'il soit, est chargé sur les épaules d'un portefaix, nommé *bastagio*, lequel le porte ainsi au grand magasin ou boucherie, nommé *tancato*. Or, il est permis au portefaix, pendant l'espace d'environ cent pas, entre le marfaraghi et le tancato, d'escamoter le poisson ou, pour mieux dire, de le voler. La seule peine que subit le voleur, s'il est pris, est de rendre le thon dérobé, car, s'il est déjà déposé dans la barraque du voleur, l'enlèvement est légitime. On a appelé cette coutume *busca*, qui en sarde veut dire adresse.

Les impôts directs de Sardaigne sont évalués à un produit de neuf cent mille francs. L'île a deux universités, établies à Cagliari et à Sassari. Elle possède une autre institution non moins utile, celle qui est destinée à soutenir l'agriculture, sous le nom de société agraire et économique.

La force des milices de la Sardaigne, cavalerie et infanterie, est au minimum de seize mille hommes; mais, dans un cas d'invasion de l'île, on pourrait porter la force militaire à 60,000 miliciens à pied, et 12,000 à cheval. Cette

Genova. *Parte della Riviera, presa dal Lazzaretto.*

Gênes. *Partie de la Rivière, prise du Lazaret.*

armée a rendu d'éminens services aux coulisés de 1789, en défendant, pendant quatre ans contre la France, les passages des Alpes, forcés en divers siècles par de grands capitaines, et, en dépit de notre amour-propre national, nous devons rappeler au lecteur la belle défense des Sardes en 1792, lors de l'expédition si malheureuse commandée par l'amiral français Truquet.

Un brick de vingt-quatre canons, de la marine royale, se tient constamment dans le port de Cagliari, aux ordres du vice-roi. L'île de la Magdelaine, dépendante de la Sardaigne, au nord, fournit d'ailleurs d'excellens sujets à la marine du roi. La belle expédition de Tripoli a pu, dernièrement, apprendre à l'Europe le mérite des officiers de cette marine.

Cet aperçu des ressources de la Sardaigne, et de son état physique et moral, est sans doute bien succinct, et très peu propre à satisfaire la curiosité du lecteur. Nous espérons cependant qu'il nous tiendra compte de cette esquisse, si légère qu'elle soit, en songeant qu'il y a bien long-temps qu'on avait parlé si longuement de la Sardaigne. Et maintenant remontons dans notre navire, tendons les voiles, et puisse le vent nous être favorable, et nous accorder un souffle ami pour sortir des parages de la Corse et de l'île d'Elbe. Nous allons à Gênes.

GÊNES.

Sur le bord de la mer Méditerranée, à l'extrémité d'un golfe auquel elle a donné son nom, adossé en amphithéâtre à une montagne des Apennins, entre deux torrens ou rivières, dont l'un se nomme Pisagno et l'autre Polcevera, s'élève l'antique *Genova*. Au levant, elle s'étend jusqu'au golfe de la Spezia; au couchant, elle va rejoindre la principauté de Monaco. De quelque point que l'on arrive à la capitale de la Ligurie, soit par mer, soit par terre, on jouit du plus beau coup d'œil. Ce qui rend la perspective admirable, c'est le nombre des palais, des maisons de plaisance qui couronnent les hauteurs, et qui à une certaine distance semblent suspendus dans les airs.

Opposée à ces traits qui rappellent l'habitation et les travaux de l'homme, la Méditerranée étend au loin ses vagues bleues, qu'on ne contemple jamais sans plaisir et sans étonnement.

Avant de pénétrer dans l'intérieur de Gênes, arrêtons-nous au Lazaret (Pl. 258, vue prise du Lazaret), placé au couchant de la ville. La partie de la plage située au levant de cet édifice est destinée à la construction des bâtimens de l'état, et plus loin, nous pouvons apercevoir ce qu'on appelle *rivière* de Gênes, mot impropre en français, car ce n'est point une rivière, mais un rivage ou une côte, qui se prolonge sur les bords de la mer depuis Nice. Quel pays enchanteur que cette rivière de Gênes! Depuis ce matin, je crois parcourir le pays des fées. Partout, le long des rives, des villages, des villes ou des bourgs; partout des maisons de campagne, des palais, des églises, des couvens, des tours, des châteaux

P.

forts, des jardins, des orangers, des rochers, des golfes, des promontoires, et une mer couverte de voiles, et les rayons d'un soleil brûlant, et l'azur d'un ciel sans nuages, qui réfléchit des ondes transparentes.

Cette superbe côte de Gênes n'a point à la vérité les souvenirs poétiques et littéraires du golfe de Naples, mais elle intéresse par les souvenirs et les exploits français qu'elle rappelle : Boufflers, Richelieu, Masséna, y apparaissent comme les représentans de l'ancienne et de la nouvelle gloire militaire de la France. Parmi les divers objets qu'on aperçoit est un immense aqueduc, qui, de six lieues, amène l'eau dans les différentes parties de la ville et jusque dans chaque maison.

Pénétrons maintenant dans l'intérieur du port de Gênes : c'est la plus belle manière de jouir de la grandeur de la ville ; car on ne peut l'estimer de près à cause des montagnes qui la resserrent. Si le ciel nous accordait un de ces beaux jours de l'automne, où le soleil verse des torrens de lumière, rien ne serait comparable à l'aspect que nous offrirait Gênes la superbe, assise autour de son port dessiné en demicercle (Pl. 259). Voici, à gauche, près de la Lanterne, le *môle neuf*, qui, semblable à un bras, s'avance dans la mer, comme pour aller chercher l'autre môle, élevé en face de lui sur la rive opposée. En vain l'ouverture du port entre ces deux môles est de six cent quatre-vingt-deux mètres ; en vain, à l'extrémité de chacun d'eux, un phare éclaire les pilotes pendant la nuit ; les navires, malgré ces précautions, ont souvent fort à souffrir d'un vent appelé libécio, qui souffle du sud-ouest.

On se rappelle encore avec effroi la tempête du 5 décembre 1760 : les deux môles étaient couverts de l'eau de la mer, et les vagues, soulevées par le vent, formaient une pluie d'eau salée, jusqu'au dessus de la place de l'Annonciade ; une tartane fut submergée, et beaucoup de navires endommagés : on eut recours à saint Jean-Baptiste, comme dans les grandes calamités ; on porta ses cendres sur la tour du vieux môle ; heureusement ce fléau, qui avait commencé vers midi, finit une heure après le coucher du soleil.

En contemplant ainsi le port de Gênes, ses palais, ses terrasses, ses balcons de marbre blanc plantés d'orangers, les remparts qui couronnent son vaste amphithéâtre, nous reconnaissons bien *la reale*, *la nobil città* chantée poétiquement par le Tasse, satiriquement par Alfieri, et que madame de Staël disait bâtie pour un congrès de rois.

Il règne dans le port de Gênes une activité extraordinaire, et tandis que Venise se dépeuple et périt, son ancienne rivale, résidence de la cour pendant une moitié de l'année, paraît florissante. On y bâtit de nouvelles maisons, et la population, qui était en 1812 de 124,000 âmes, s'élève maintenant à près de 130.000. L'ardeur, l'habileté, le courage des matelots du golfe de Gênes, *assuetumque malo Ligurem*, dont la population monte à plus de trente mille, sont extrêmes. Sur leurs tartanes, petites embarcations grandes comm'unechambre, ils s'élancent jusque vers les ports les plus lointains de l'Océan. On annonça, au mois d'octobre 1822, le retour à Gênes d'un équipage génois, arrivé du Pérou en quatre-vingt-treize jours. Cette intrépide et laborieuse population, intéressante par ses mœurs, sa frugalité et son aisance, contraste d'une

manière frappante avec celle de la plupart des autres contrées de l'Italie, et elle semble avoir conservé quelque chose de l'instinct navigateur des Italiens du quinzième siècle.

Tandis que, placée au milieu du port, Gênes nous apparaît dans toute sa magnificence, jetons rapidement les yeux sur les pages de son histoire. Pour prouver sa noble origine, cette république a fait autant d'efforts qu'aucun des états monarchiques, pour lesquels les chroniqueurs ont inventé des fables. Elle a fait Janus, son fondateur; Abraham, le contemporain de sa plus haute prospérité; et Rome, l'un des trophées de sa gloire. Mais ces prétentions ne l'ont point garantie d'une réputation un peu équivoque; et depuis Virgile, en y comprenant le Dante, on a dit trop de mal d'elle pour que la justice ou la partialité puisse tout réfuter. Il est certain que cette ville a été, dans les beaux jours de la libre Italie, une des trois glorieuses républiques, par lesquelles la cause de la liberté et du commerce a été soutenue contre les pouvoirs unis de l'empereur et du pape. Les succès de ses armées et de son commerce maritime étendirent son influence au dehors, et augmentèrent ses richesses au dedans, à un degré qui devint aussi fatal à sa vertu qu'à sa liberté. Sa prospérité réelle tomba, victime de l'ambition personnelle et de l'orgueil insatiable de son aristocratie, dont l'opulence, dépassant toutes les bornes de la modération républicaine, forma bientôt une funeste séparation entre l'ordre des patriciens et le peuple indigent. Cependant, à travers toutes les vicissitudes des diverses formes de gouvernement de la ville, soit qu'elle ait été régie par des consuls, des abbés, des doges ou des factions aristocratiques, elle a très-long-temps conservé son indépendance politique, et s'est glorifiée du nom de république. Ce titre appartenait à la meilleure forme de gouvernement qui existât dans ces temps-là. Gênes, comme Venise, tomba par les vices des classes supérieures, qui, se séparant en deux factions d'ancienne et de nouvelle noblesse, remplirent quelquefois leur ville de troubles et de séditions, sous des prétextes frivoles, mais demeurèrent toujours unies pour se partager les honneurs et les émolumens du gouvernement. Au reste, ce ne sont pas les seuls traits de ressemblance qui existent entre la capitale de la Ligurie et la reine de l'Adriatique; l'une et l'autre occupent un rang distingué dans les annales du monde, et elles ont eu la même forme de gouvernement, la même espèce de gloire, et les mêmes malheurs. L'une et l'autre, situées sur le bord de la mer, ont un magnifique port, et des édifices qui répondent à leur grandeur passée. Si du fond de l'Adriatique Venise a imposé dans le temps ses lois à l'Orient, Gênes a exercé la même prépondérance sur la Méditerranée. Gênes avait un doge comme Venise, et, dans les beaux jours de la république, l'un n'était pas moins despote que l'autre. Enfin Gênes, comme Venise, a plusieurs fois changé de maîtres, et l'une et l'autre ville, toujours aussi libre, est encore aujourd'hui sous un joug étranger.

On attribue la fondation et le nom de Gênes à Janus, roi d'Italie; d'autres disent que son nom vient de Janua (porte), parce que cette ville est comme l'entrée de l'Italie. C'était une des villes des Liguriens, qui se défendirent avec tant de courage contre Rome pendant quatre-vingts ans, depuis l'an 241 jusqu'à l'an 162 avant Jésus-Christ. Gênes étant tombée avec le reste de l'Italie sous la puissance des Goths, et, à ce que l'on croit, sous celle des Lombards, elle fut annexée par Charlemagne à l'empire français ; il y eut ensuite des comtes de Gênes, que le peuple chassa pour se gouverner librement : la noblesse et le peuple eurent alternativement le dessus ; il y eut différentes espèces de magistrats. Les consuls et le podesta changèrent plus d'une fois. En 1257, le peuple reprit l'autorité, et élut un capitano : la noblesse se ressaisit du pouvoir quatre ans après, et cette alternative dura long-temps. C'est dans ce temps de trouble qu'on aperçoit l'origine de la noblesse de Gênes, qui ne remonte guère au delà de l'an 1200. Pour éviter les contestations que produisaient sans cesse ceux qui aspiraient à la dignité de consul, on résolut de prendre pour chef un podesta étranger, on lui donna ensuite pour adjoints huit citoyens, que l'on appela d'abord *nobles*, de quelque famille qu'ils fussent, obscure ou illustre. Ce fut ainsi que se formèrent les grandes familles, *Doria*, *Spinola*, *Feschi*, *Grimaldi* ; les deux premières furent à la tête des Gibelins, et les deux autres prirent parti pour les Guelfes ; beaucoup de grandes familles cherchèrent à s'unir à celles-là, et on les appela *Magne quatuor prosapie*. Parmi les priviléges qu'elles s'arrogèrent, on remarque celui de faire bâtir leur maison en marbres noirs ou blancs : on voit encore beaucoup de ces palais, qui ont passé en d'autres mains. Le pouvoir des nobles étant devenu odieux, le peuple se donna, en 1311, à l'empereur Henri vii ; en 1318, au pape *Jean* xxii ; en 1335, à Robert, roi de Naples. En 1339, le peuple, toujours mécontent des nobles, qui avaient repris l'autorité, se sou-

leva contre eux, et choisit pour che Guillaume Boccanegra : de là vint la division entre les nobles et le peuple, qui ne fut bien terminée qu'en 1528, et les alternatives de monarchie et de gouvernement républicain, qui durèrent jusqu'à cette époque.

C'est au dix-huitième siècle qu'il faut rapporter l'un des faits les plus curieux de l'histoire du moyen âge. Je veux parler de la croisade entreprise par un grand nombre de dames génoises, sous le pontificat de Boniface viii. Les trois lettres écrites à cette occasion par le pape ont été long-temps conservées dans les archives de Gênes, sans que personne ait songé à les rendre publiques. Les historiens les plus minutieux, tels que le sieur Mainbourg (qui dans son Histoire des Croisades avait cependant fort exalté le courage de Marguerite de France, reine de Hongrie, qui passa en Palestine, après la mort de son mari), n'en font aucune mention. Dans ces derniers temps, Maximilien Misson à traduit ces lettres dans son *Voyage en Italie* ; pour moi, plus j'ai songé à la croisade des Génoises, plus je me suis confirmé dans l'opinion qu'un événement aussi étrange n'avait pas eu lieu sans mystère. On a vu maint exemple d'amazones qui ont embrassé la carrière militaire avec plus de zèle que de véritables soldats ; mais que des femmes de qualité, élevées dans les plus grandes mollesses, s'avisent tout d'un coup, comme par inspiration, d'endosser la cuirasse et d'abandonner leurs familles pour s'exposer aux fureurs des ondes et de la guerre, c'est une singularité qu'on s'expliquera toujours difficilement. Quoi qu'il en soit, il suffit que le fait ait un caractère d'authenticité pour que nous le signalions aux lecteurs, sur les lèvres duquel, malgré nos assertions, il appellera peut-être un sourire d'incrédulité. M. Valery retrouva, au couvent du Saint-Esprit à Gênes, une des cuirasses portées en 1301 par les nobles croisées : les autres avaient été, en 1815, vendues dans la rue par les Anglais, comme de la vieille ferraille. Pourquoi M. Valery ajoute-t-il à cette indication la réflexion suivante, dont nous ne comprenons pas bien la portée : « L'unique cuirasse, échappée à ce honteux encan, ne me parut point offrir un contour très-sensible » ?

Depuis 1353 jusqu'en 1515, Gênes éprouva bien des vicissitudes, et passa sous des dominations bien différentes. Mais le peuple, toujours las de sa liberté et toujours mécontent de ses maîtres, ne pouvait parvenir à se fixer, lorsqu'enfin un héros citoyen sut rendre la liberté à sa patrie, et l'affermir pour long-temps.

André Doria était amiral de François 1er, et causait des pertes considérables aux Génois, lorsqu'en 1528 ses remords et les mécontentemens qu'il eut à la cour de France, le déterminèrent à abandonner la France, et à passer au service de Charles-Quint, en même temps qu'il rendait la liberté à la république de Gênes, mécontente aussi du roi François 1er.

Il est de l'intérêt de ceux qui disposent des honneurs et des récompenses de faire considérer la constance dans l'obéissance militaire, comme le premier des devoirs d'un soldat, et de dissimuler que, tous les engagemens étant réciproques, la violation du contrat de la part de celui qui commande dégage de son serment celui qui avait promis d'obéir. La postérité a été juste envers André Doria : elle n'a vu dans sa conduite que son héroïsme,

P.

et elle ne l'a point accusé d'avoir manqué de foi à François 1er. Ses contemporains furent quelquefois plus sévères ; et le héros génois, qui avait passé sa vie au milieu des soldats, ne pouvait lui-même dédaigner les préjugés militaires. Le Florentin Luigi Alamani, non moins distingué comme patriote que comme poëte, dit un jour à André Doria : « Sans doute votre entreprise a été grande et généreuse ; mais elle serait plus généreuse et plus illustre encore si elle n'était entourée de je ne sais quelle ombre qui en altère la splendeur ». André Doria soupira, il resta muet quelques momens ; puis il reprit : « Un homme peut s'estimer heureux quand il réussit à faire une belle action, encore que les moyens ne soient pas entièrement beaux. Je sais que vous-même, et d'autres, pouvez m'accuser de ce qu'ayant toujours servi les Français, m'étant élevé par les faveurs de leur roi, je l'ai abandonné lorsqu'il avait le plus grand besoin de moi, et je me suis donné à ses ennemis. Mais si le monde savait combien est grand l'amour que j'ai pour ma patrie, il m'excuserait d'avoir employé un moyen qui m'expose moi-même à quelques inculpations, lorsque je ne pouvais autrement la sauver ou activer sa grandeur. Je ne raconterai point que le roi François 1er, me retenait ma solde, et n'exécutait pas la promesse qu'il m'avait faite de rendre Savone à ma patrie. De tels motifs ne suffiraient point pour ébranler un homme d'honneur dans son antique foi ; mais, ce qui devait suffire, c'était la certitude que j'avais acquise que le roi ne rendrait jamais à Gênes sa liberté, que jamais il ne consentirait à en retirer son gouverneur, à remettre aux citoyens leur forteresse. Puisque j'ai obtenu heureusement l'une et l'autre chose en lui retirant ma foi, tout homme équitable doit trouver que je puis présenter mon action au grand jour, et ne pas craindre qu'aucune ombre en altère la splendeur. »

Nous avons cité ce passage en entier, car il a une couleur historique du plus haut intérêt.

Théodore Trivulce, qui était gouverneur à Gênes pour le roi, s'étant aperçu des premiers mouvemens du peuple, assembla une grande quantité de citoyens à la place de' Banchi, pour les exhorter à rester dans le parti du roi : mais, le 11 septembre 1528, André Doria parut avec sept galères à Sarzane, où se trouvait une foule immense; il débarqua près de Saint-Marc, et toute la ville s'étant mise en armes, il s'empara du palais public, de l'arc et des portes Saint Thomas. Partout on entendait les cris de Saint-George et de liberté! André Doria convoqua les principaux citoyens sur la place de Saint-Mathieu; il les exhorta à éteindre les factions et à songer à la liberté de leur patrie; le lendemain, 12 septembre, les membres du grand conseil se rassemblèrent au nombre de plus de quinze cents dans la salle du palais; on résolut de rétablir la liberté, de remettre la république dans son premier état : et l'on décréta de célébrer chaque année la mémoire de ce jour, par une cérémonie nommée la fête de l'Union. On chassa le gouverneur, on démolit le château, on reprit Savone, dont on abattit les fortifications, et l'on établit de nouvelles lois qui furent appelées les lois de 1528. Il fut surtout ordonné qu'on abolirait la mémoire des factions des nobles et du peuple. Les premiers, qui, par leur naissance, leurs talens ou leurs services, méritaient d'avoir part au gou-

vernement, furent distribués en vingt-huit familles, ou alberghi, sous les noms des familles les plus nombreuses et les plus accréditées. Pour reconnaître le bienfait d'André Doria, il fut décidé que toutes les années, le 11 septembre au soir, la garde du palais irait, avec son colonel et avec ses drapeaux, à la place du palais du prince Doria à Fassolo, faire une décharge de mousqueterie en signe de joie et de reconnaissance. La république lui acheta un palais à la place Doria, avec cette inscription : Andreæ de Auria patriæ liberatori munus publicum; et on lui éleva une statue de marbre dans la cour du palais public.

La liste des doges de Gênes commence à Simon Boccanegra, qui fut élu le 23 septembre 1339, lorsque les Génois, lassés de chercher des princes étrangers, voulurent élire un de leurs concitoyens pour duc ou chef de leur république. Il y eut à la vérité diverses interruptions, car ce n'est que depuis 1528 que Gênes, devenue libre par le bienfait d'André Doria, a joui de sa liberté sans trouble. Oberto Castaneo fut alors le quarante-septième doge, et l'on en compte cent soixante-dix-sept depuis 1339. Jusqu'à l'an 1797, Gênes eut des doges renouvelés tous les deux ans; mais bientôt le torrent de la révolution française vint inonder de ses flots jusqu'à la capitale de l'ancienne Ligurie. Le gouvernement de cette ville éprouva alors plusieurs changemens successifs, suivant l'urgence du moment. L'ancien gouvernement aristocratique ayant été aboli en 1797, fut remplacé par une démocratie, composée d'un corps législatif divisé en deux conseils. En 1800, Gênes soutint un des siéges les plus mémorables dans les annales des guerres italiennes, pendant qu'elle

Genova. Corte nel Palazzo Reale.   Gênes. Cour dans le Palais du Roi.

Genova. Palazzo Reale.   Gênes. Palais du Roi.

était occupée par les Français, sous le commandement de Masséna, et assiégée par les Autrichiens. En 1805, elle fut réunie à l'empire français, et son état divisé en départemens. En 1814, elle fut rétablie en république, et le congrès de Vienne la réunit aux états du roi de Sardaigne, sous le titre de duché de Gênes.

Commençons notre promenade dans la ville par une visite au palais du souverain (Pl. 260). C'est un des plus beaux monumens de Gênes. Il appartenait à l'antique famille Durazzo, avant que sa majesté en fît l'acquisition. Voulons-nous le considérer dans toute sa splendeur? attendons qu'à la lumière du jour succèdent les rayons plus pittoresques de la lune. Cette lumière convient particulièrement aux palais génois. Enfoncés dans une obscurité profonde, où, brillant à la douce clarté de la reine des nuits, ils paraissent alternativement imposans par leurs masses, ou attrayans par leurs formes riches et variées; tandis que les ombres fortement prononcées des portiques et des colonnades se dessinant sur le pavé, au milieu des flots de lumière, ajoutent à l'étendue et à la majesté des bâtimens d'où elles se projettent. Ces portiques, éclairés quelquefois par la faible lueur d'une lampe suspendue à leur toit de marbre, laissent voir la cour intérieure avec des rampes d'escalier, des terrasses suspendues, des statues, des orangers, des fontaines et des jets d'eau, qui réfléchissent les rayons de la lune, inclinés dans leurs bassins richement sculptés.

Ces palais, qui ont été élevés par l'opulence commerciale et la munificence républicaine, prouvent que la monarchie n'est pas la seule protectrice des arts. Ces monumens ont eu Rubens pour historien, les anciens Doria, Durazzi et Fiesque pour maîtres, et les empereurs et les rois ont été leurs hôtes. Ils sont maintenant silencieux et désolés, comme les édifices ruinés d'une cité qui aurait été engloutie et retrouvée sous la terre. A cette heure, où toutes les avenues patriciennes étaient autrefois si splendides, si animées; à minuit, au clair de la lune, le moment du divertissement italien, quand les joyeux *quaranta* avaient coutume de se rassembler dans les brillantes salles de la *Brignole,* de la *Serra* ou de la *Spignola*, le silence et la solitude de Pompéï et de Palmyre dominent partout : pas une lumière ne brille à travers ces belles fenêtres, dessinées par les Allessi et les Fontana ; le bruit d'un seul pas humain ne trouble point le silence des portiques, en résonnant le long des lambris peints, des vestibules ouverts. Au milieu de cette solitude profonde, alors que l'âme est livrée toute entière à ses méditations, les proportions admirables des édifices semblent s'agrandir à l'œil et à l'imagination ; toutes leurs splendeurs contemporaines se sont évanouies, et les laissent comme des *squelettes* d'une grandeur passée, pour redire l'histoire de la ruine nationale.

Le superbe portique du palais royal est orné de colonnes d'ordre dorique en marbre blanc. Sa vaste cour est enrichie de fontaines, de terrasses, et quatre beaux escaliers conduisent aux appartemens supérieurs. Le défaut général de l'architecture de cet édifice est peut-être la division de son immense espace, en une trop grande quantité de petites pièces, toutes intéressantes, il est vrai, mais défectueuses, si on les compare à la grandeur totale du palais.

Outre les tableaux d'histoire des

grands peintres, les portraits de familles que contient ce palais, sont extrêmement curieux. Parmi ces tableaux domestiques, nous vîmes, dit lady Morgan, celui de notre infortunée Anne Boleyn, par Holbein. Il est extrêmement curieux pour le costume; mais on ne trouverait rien dans cette dame maigre, aux cheveux rouges, qui pût excuser la passion adultère de Henri VIII; on y verrait bien plutôt un motif pour ce prince d'avoir fait trancher une tête aussi laide. Holbein était un peintre hardi, imitateur zélé et fidèle; il porta constamment dans l'étude de la nature une admirable intention de naïveté, une sévérité scrupuleuse, mais ses ouvrages sont d'une vérité plus rigoureuse qu'aimable La salle Paolo, ainsi nommée d'après le chef-d'œuvre de Paul Véronèse, est la plus intéressante de toutes, parce qu'elle contient le magnifique tableau représentant la Madelaine aux pieds de Jésus-Christ, dans la maison du pharisien. On dit de cette magnifique composition, que jamais sujet sacré ne fut plus divinement exécuté par des mains humaines. Il existe un autre palais Durazzo, mais celui que nous venons de quitter est le plus grand des deux, et se trouve situé dans la rue Balbi. Au reste, les palais de cette famille puissante ont été autrefois si nombreux à Gênes, qu'on disait proverbialement : « Si vous voyez un palais, il doit appartenir à un Durazzo. »

A l'extrémité de cette rue Balbi, où nous reviendrons encore, pour visiter l'université, nous trouvons la place de *l'Annunziata* (Pl. 261), que termine noblement l'église du même nom. En général, les églises de Gênes se distinguent par une magnificence et une architecture de mauvais goût,

une surabondance déplacée d'ornemens. Quelques-unes sont décorées de marbre rouge et blanc, en bandes superposées : la cathédrale l'est extérieurement en blanc et en noir. M. Simond a justement comparé l'Annunziata à une tabatière d'or. Elle n'est que marbre, pierres précieuses et dorures. Fondée par les *Umiliati* dans le treizième siècle, enrichie par la famille Lomelini, cette église fut ensuite donnée aux franciscains, qui en jouirent jusqu'à la révolution. A la restauration elle fut rendue à cet ordre. L'Annunziata contient plusieurs beaux tableaux : il en est un dont on ne dit rien, qui m'a beaucoup frappé : c'est la mère de Jésus, abîmée dans sa douleur au pied de la croix. L'artiste se nomme Scotti.

Avant de quitter cette église, nous entrerons dans celle de ses chapelles qui est consacrée à saint Louis, roi de France. Là repose le duc de Boufflers, qui mourut à Gênes en 1747, tandis qu'il commandait les troupes françaises envoyées au secours de la république.

Pour nous rendre au palais du Duc, où nous nous proposons de conduire maintenant le lecteur, il nous faut traverser une bonne partie de la ville. Mais la longueur de ce trajet ne sera pas perdue pour nous, nous en profiterons pour étudier l'architecture particulière de Gênes. Ce qui distingue la construction de cette fille de la mer, c'est que les rues y sont extrêmement étroites, et qu'il en est peu où les voitures puissent circuler Les maisons s'élèvent jusqu'à six étages, et leurs corniches, qui semblent se toucher, ne laissent entre elles qu'une simple ligne de ciel bleu. Dans plusieurs rues on peut se donner la main d'une maison à l'autre. Autrefois toutes les fa-

Genova. Palazzo Ducale.　　　　Gênes. Palais Ducal.

Genova. Chiesa dell' Annunziata.　　　　Gênes. Eglise de l'Annonziata.

çades des bâtimens étaient décorées de peintures à fresques; on n'en voit plus que des fragmens. Au reste, les maisons génoises ne paraissent disposées que pour y dormir et non pour y passer la journée. Les habitans se tiennent sur les portes de leurs boutiques, ou rangés le long de l'étroit chemin, dans de petites échoppes. La plupart sont tout simplement dans la rue, à côté de leurs paniers de fruits, de fleurs ou de macaroni; ils filent, tricotent, chantent ou bâillent : ils dînent même, et soupent au dehors; peu d'entre eux, excepté les plus riches marchands, rentrent dans les chambres obscures qui sont derrière leurs boutiques, pour prendre des repas réguliers : on les voit manger au grand air leur *minestra*, leur saucisson cru, leur jambon ou leur fromage, et consommer toutes sortes de végétaux, comme des gens qui sont assez peu raffinés pour croire que l'on ne mange que pour satisfaire au besoin.

Trois rues (qui n'en font pour ainsi dire qu'une, depuis la porte Saint-Thomas jusqu'à celle dell'Acqua-Sola), se distinguent par leur largeur et leur beauté. Ces trois rues servent de promenades ; elles ont des espèces de trottoirs en dalles : la première s'appelle *strada Balbi*; la deuxième, *strada Novissima*; et la troisième, *strada Nuova*. Dupaty, dans ses Lettres sur l'Italie, regarde cette dernière comme la plus belle du monde entier, sans doute à cause de la grande quantité de ses palais. Toutes ces rues et les autres sont généralement pavées en larges dalles, comme celles de Florence et de Naples. On prétend que ces dalles se faisaient autrefois avec des laves du Vésuve, que l'on prenait aussi pour servir de lest aux bâtimens. Enfin les rues de Gênes sont toujours d'une propreté extrême, au

moyen de nombreux égouts qui ont leurs débouchés dans la mer.

Le palais Ducal (Pl. 261), anciennement la résidence des doges de la république, sert aujourd'hui de local aux séances du sénat royal de Gênes, et d'habitation au gouverneur de la ville. Ce palais, vraiment royal, est un des plus vastes de la cité. On regrette seulement que l'espèce de caserne qui masque cet édifice ne soit pas analogue au reste. En 1684, le palais Ducal fut incendié par l'explosion d'une bombe : on le reconstruisit en peu de temps; mais, par un hasard malheureux, les flammes le dévorèrent de nouveau le 3 novembre 1777. C'est au Génois Simon Cantoni qu'on doit l'architecture élégante du palais actuel dont la façade est entièrement en beau marbre blanc. Il n'est plus comme autrefois la résidence et la prison des doges pendant la durée de leur charge. Je dis prison, car on sait que ces magistrats, une fois élus, ne pouvaient plus quitter leurs palais, même pour aller à l'église : ils s'y rendaient par une galerie couverte. Le doge n'était dans le fait qu'un mannequin, un organe passif, un point de réunion. Il était élu (dit Machiavel) pour être le chef qui proposait les objets sur lesquels le conseil devait délibérer. *Pasta di doggia*, pâte de doge, est une expression passée en proverbe, pour désigner des hommes dont le caractère se compose des élémens les plus doux, et des qualités les plus malléables.

Au midi du palais Ducal on trouve la *cava*, où sont les ruines des maisons que détruisit le bombardement de 1684. On y a fait une batterie qui en rend l'approche difficile. Aussi, quand l'amiral anglais Matheus vint pour bombarder la ville dans la guerre de 1745, les Génois allaient tranquillement se promener près de là, sur les *Muragliette*, dont nous avons représenté (Pl. 262) le quai et le port. Les Génois jouissoient de la sorte du spectacle des bombes, qui ne servaient qu'à faire voir par leur lumière les vaisseaux de l'escadre anglaise que l'on canonnait.

Il existe dans Gênes, à une distance assez considérable des Muragliettes, un palais qui inspire un intérêt particulier. Quoiqu'on puisse le regarder (dit lady Morgan) comme le tombeau plutôt que comme le berceau de la grandeur génoise ; quoiqu'il rappelle les derniers soupirs de sa gloire et de sa liberté, et non sa première prospérité, il doit attirer l'attention de l'étranger aussi long-temps qu'un seul fragment de ses colonnes de marbre restera debout, ou que le nom d'André Doria vivra dans les annales du patriotisme génois. Cet ancien et bel édifice aujourd'hui ruiné, élevé jadis par celui qui délivra Gênes de l'esclavage, est bâti sur le bord de la mer, à l'entrée de la ville, situation bien convenable à la demeure de l'amiral patriote; et ses portiques, ses colonnades dominent ce port, où le jeune Colomb lança, pour la première fois, sa barque aventureuse, et commença ses périlleux voyages, qui ouvrirent le chemin du Nouveau-Monde à l'activité et à la cupidité des humains. (Voy. les pl. 263, 264.)

Dans la cour de cette immense fabrique s'élève la statue colossale d'André Doria, sous les traits de Neptune. Elle est en marbre de Carrare, ainsi que les chevaux marins qui l'accompagnent; mais, aujourd'hui, la statue est défigurée, et le lichen cache de sa verdure grisâtre les trophées sculptés de l'ancien maître de ces lieux.

Le mausolée de Roedan, le chien donné par Charles Quint à André Doria, est à peu près enfoui. Il avait été mis au pied de la statue colossale de Jupiter, afin que le grand Roedan, comme le dit sa bizarre épitaphe, ne cessât point, même après sa mort, de garder un prince. Doria revint toujours triomphant dans sa patrie, et son chien, si magnifiquement enterré, ne peut avoir le mérite de celui d'Ulysse, qu'un poëte français, malgré l'étiquette de notre scène, a su peindre heureusement en quatre mots :

Ai-je encor des amis. . . . .
Un seul n'était resté , *non parmi les humains.*

Ulysse, tragédie de M. Lebrun.

Le palais Doria appartient toujours aux princes de ce nom, qui résident à Rome, et qui souffrent à tort que cette demeure patrimoniale se dégrade et tombe en ruine. Au reste, en montant sur la terrasse du palais, qu'entourent des balustres de marbre blanc, on est bien dédommagé du spectacle de désolation offert par la demeure du premier des Doria. Du haut de la terrasse, la vue domine le port et la rade de Gênes : ce coup d'œil est incomparable. A gauche, voici l'arsenal de mer, qui prolonge jusque dans la mer ses vastes bâtimens. Au fond de cet arsenal se trouve le bagne, contenant environ sept cents forçats, dont les fers, par une amère dérision, portent gravé le mot *libertas.* Plus loin, on peut apercevoir le port Royal, le port Franc, où se balancent les mâts de nombreux vaisseaux marchands, et qui est composé de huit beaux magasins, portant chacun le nom d'un saint. Ces magasins sont tellement isolés du reste de la cité , au moyen de hautes murailles, qu'ils ressemblent à une petite ville. La vue, de ce côté, est bornée par l'ancien môle, qui se prolonge fort avant dans la mer; mais, en reportant nos yeux du côté de la ville, nous accorde-

Grenada. Porto Hende.

Leeues. Port Royal.

Genova.   Vista dal Palazzo Doria.   Gênes.   Vue du Palais Doria.

Genova.   Cortile nel Palazzo Doria.   Gênes.   Une cour du Palais Doria.

Genova. Gênes. Piazza de' Banchi.

Goodman del.   André edit.   Asher sc.

Genova. Teatro Carlo Felice.   Gênes. Théâtre Charles Félix.

Genova. S.ta Maria di Carignano.   Gênes. N.D. de Carignan.

Grandmann del   Joüet del   Pirou s.

Genova. Ponte Carignana.   Gênes. Pont de Carignan.

rons quelqu'admiration à ces terrasses qui couronnent le faîte de chaque maison, comme dans les villes d'Orient. Le soir on y prend le frais, et on y cultive des orangers, des citronniers et des fleurs, qui, à Gênes, sont de toutes les saisons. Quelques-unes de ces terrasses, construites au niveau des appartemens, pavées du même marbre, décorées des mêmes plantes, et, de nuit, éclairées de la même lumière, paraissent en être la continuation; seulement, si vous levez la tête, au lieu de la dorure et de la peinture du plafond, vous apercevez les étoiles.

En suivant la rue de la Lanterne, qui s'offre à nous au sortir du palais Doria, nous passons devant la carrière d'où l'on tire les pierres, qui garnissent le rivage de la mer en dehors des remparts, et arrêtent l'impétuosité des flots. Bientôt nous atteignons la *lanterne*, élevée sur un roc, et qui projette son ombre dans la mer. Cette *lanterne* ou *phare* (Pl. 259) est une tour élevée qui faisait partie du fort que Louis xii ordonna de construire à Gênes. De ce point culminant nous pouvons saisir un autre aspect de la ville. A notre gauche s'élève l'hôpital militaire, et au delà de l'église Saint-Théodore. A droite, sur l'autre rive, nous voyons Sainte-Marie-des-Grâces, tandis que l'ancien môle nous oppose sa jetée menaçante : au fond de ce tableau s'élève la colline, sur les flancs de laquelle les murs de Gênes se déroulent en replis irréguliers.

Il nous reste à citer quelques merveilles secondaires de la ville; car maintenant nous avons fait amplement la part des plus importantes. Nous conduirons d'abord le lecteur au théâtre *Charles Félix*, car, suivant le mot d'un voyageur, il faut avant tout, examiner dans les villes d'Italie les théâtres, les femmes et les églises. Le théâtre Charle-Félix frappe d'abord l'attention par la noble simplicité de sa décoration extérieure, par la richesse de ses marbres et de ses principaux escaliers : la salle rivalise avec les plus belles de l'Europe. Croyez moi; dans ce lieu de plaisir, après avoir payé le droit d'entrée, égal pour tous, achetez, suivant l'usage italien, la clef d'une loge; puis parcourant des yeux et la scène et la salle du spectacle, vous emporterez à la fois l'idée du talent des acteurs et celle de l'aspect général que présente la société de Gênes. Cette ville possède deux autres théâtres, celui de Saint-Augustin, où l'on joue la comédie, et le théâtre de la Cour, ordinairement fermé.

Rendons-nous maintenant à *la Loggia*. Les Génois appellent *la Loggia de' Banchi*, un *bel azzardo*, un heureux hasard. Cet édifice, qui justifie ce mot par la hardiesse de sa voûte, fut construit primitivement pour les négocians de Gênes; mais il n'a plus aujourd'hui son ancienne destination; il sert de promenade publique et de lieu de rendez-vous.

Sur la place qui s'étend au devant de la Loggia (Pl. 265), on aperçoit l'église Saint-Pierre-des-Banquiers. Ce monument, dans l'intérieur duquel on parvient par un long escalier, date du dixième siècle. Brûlé en 1398, il fut rebâti deux siècles plus tard, à la suite d'une peste, dont les Génois attribuèrent la délivrance à l'intercession de la Vierge. Aussi le culte de la reine du ciel est-il particulièrement célébré en cet endroit.

Une autre église, bien plus remarquable encore, est celle de Sainte-Marie de Carignan (Pl. 266). Sa construction fut exécutée aux frais d'un noble Génois de la famille Sauli. Ce n'est pas une petite gloire à un particulier d'avoir fait ériger un de ces bâtimens religieux, pour les frais desquels les peuples se cotisent ordinairement en commun, de même qu'ils vont en commun y offrir à Dieu leurs vœux et leurs prières. Les ornemens sont ménagés avec goût ; la disposition en forme de croix grecque est belle et grandiose. Cette église, enrichie des chefs-d'œuvre du Puget, est située au haut d'une colline, d'où la vue plane au loin sur la mer et sur tout l'amphithéâtre de Gênes. Ce qui distingue plus particulièrement cet édifice, c'est un pont de plusieurs arches, placé devant la principale entrée (Pl. 266), et qui joint la colline de Carignan à celle de Sarzano. Il a été construit aux frais d'un particulier descendant des fondateurs de l'église. Sa hauteur est telle, que toutes les maisons de six à sept étages qui se trouvent au-dessous, n'en atteignent pas la hauteur ; ce monument gigantesque se nomme le *pont Carignan*.

L'église métropolitaine de *Saint-Laurent* (Pl. 267), dont la fondation remonte aux premiers siècles de notre histoire, porte l'empreinte de son ancienneté. Cette basilique ne fut pas toujours la cathédrale de Gênes. Une vieille église, celle de Saint-Ciro, restaurée depuis peu, et construite au troisième siècle, eut d'abord cet honneur. L'architecture de Saint-Laurent est gothique, et le bâtiment est orné extérieurement de bandes superposées de marbre noir et blanc. Le portail, comme celui de Notre-Dame de Paris, se compose de trois portes, qui donnent entrée dans autant de nefs. Saint-Laurent est célèbre, parce qu'il renferme une des reliques les plus vénérées des chrétiens, le *sacro-catino*, assiette en émeraude,

sur laquelle on prétend que Notre-Seigneur mangea son dernier souper. « Cette assiette, dit lady Morgan, avait été enlevée par les croisés quand ils prirent Césarée en Palestine, sous la conduite de Guillaume Embriaco, au douzième siècle. Dans le partage des dépouilles, cette émeraude tomba aux croisés génois, en la sainte vocation desquels il entrait évidemment quelque chose de leurs anciennes inclinations mercantiles : ils estimaient si haut le prix profane de ce trésor, que dans un moment pressant ils l'engagèrent pour neuf mille cinq cents livres. Quand il eut été dégagé, on le mit sous la garde de chevaliers d'honneur, appelés *clavigeri*, et on ne le montra qu'une fois par an. Des millions de personnes se prosternèrent devant cette relique précieuse ; et l'amende imposée à la main hardie qui osa la toucher avec un diamant fut de mille ducats d'or. Les Français s'en emparèrent, comme les croisés l'avaient fait dans le douzième siècle ; mais au lieu de la transporter de l'église San-Lorenzo à l'abbaye de Saint-Denis (selon les règles), ils l'envoyèrent très-sacrilègement dans un laboratoire. Au lieu de la soumettre avec son histoire traditionnelle à un concile de Trente, ils la firent passer à l'institut de Paris ; et les chimistes, les géologues, les physiciens, furent appelés à décider du sort de cet objet sacré, que des évêques, des prêtres, des diacres, avaient déclaré trop saint pour l'examen, ou même pour l'attouchement humain. Le résultat de ces recherches scientiques fut que l'assiette d'émeraude était tout simplement un morceau de verre. »

À ces lazzis philosophiques de lady Morgan, nous pourrons répondre avec M. Valery : Eh ! qu'importe qu'au lieu d'être d'émeraude, le *sacro-catino*

Genova. Metropolitana di S. Lorenzo.   Gênes. Cathédrale.

Genova. Vestibolo dell' università.   Gênes. Vestibule de l'université.

ne soit plus que de verre de couleur ! qu'il n'ait jamais été donné à Salomon par la reine de Saba, ou qu'il n'ait point servi à Notre-Seigneur pour la cène! ce plat de verre ne rappelle pas moins la foi et la bravoure des Génois du moyen âge, qui, après avoir reçu la communion, escaladèrent les remparts de Césarée avec les seules échelles de leurs galères, sans attendre les machines de siége. Il ne rappelle pas moins ce consul génois arrivé le premier sur la brèche et s'y défendant seul l'épée à la main comme un autre Alexandre. Ces souvenirs de gloire, de religion et de liberté suffisent à mon âme, et je n'en demande point d'autres.

Pour compléter ce que nous avons à dire sur le sacro-catino, ajoutons cette petite anecdote que nous tenons de bonne source : Une loi de 1476 punissait de mort, dans certains cas, ceux qui toucheraient la relique sacrée avec de l'or, de l'argent, des pierres, du corail ou quelqu'autre matière : « afin, disait cette loi, d'empêcher les curieux et les incrédules de faire un examen pendant lequel le catino eût pu souffrir quelqu'atteinte, ou même être cassé, ce qui serait une perte irréparable pour la république de Gênes. » M. de la Condamine, emporté par sa curiosité naturelle et par sa curiosité de savant, avait caché un diamant sous la manche de son habit, afin de chercher à éprouver la dureté du catino ; mais le moine qui le montrait s'en aperçut, et le releva à temps pour M. de la Condamine, qui se serait fort mal tiré d'affaire, et qui sans doute, avait oublié la loi de 1476.

Retournons dans la rue Balbi, pour visiter le palais de l'université. Les portiques, les colonnes, les escaliers de marbre de ce bel édifice le font

P.

bien plutôt ressembler à un palais de l'Orient qu'à un collége. Sans doute le vestibule (Pl. 267) est trop petit en raison de la grandeur de l'édifice; mais l'architecte Barthélemi Bianco a si adroitement placé deux grands lions en marbre sur le troisième degré, que l'on s'occupe uniquement d'admirer ces beaux morceaux de sculpture, sans remarquer le défaut que nous venons de signaler. Il est impossible, en parcourant les différentes parties de ce monument, de n'être point frappé des magiques effets produits par l'heureuse répartition et la vivacité de la lumière. Les salles des diverses classes sont ornées de tableaux, dont plusieurs appartiennent aux meilleurs maîtres génois.

Le plus bel ornement de la rue Neuve, où nous entrons au sortir de la rue Balbi, est l'ancien palais Tursi-Doria, nom d'une noble famille génoise. Ce palais est habité par la reine, princesse de la maison d'Autriche, et veuve du défunt roi Victor-Emmanuel de Sardaigne. Rien de plus élégant, de plus léger que les galeries à jour qui forment les ailes de la façade : les murs, les colonnes, les vestibules et les péristyles sont tous en marbre blanc. Cette demeure est vraiment royale : on la nomme quelquefois *palais de la reine douairière* (Pl. 268).

Prolongeons notre course jusqu'à la place qui porte le surnom poétique de *fontaine d'Amour*. Nous verrons en cet endroit l'élégante petite villa du noble Génois Negroni. Cet édifice, dont le nymphée, situé au fond de la cour, est du plus charmant effet, possède peut-être la salle la mieux peinte de la ville. Dominique Barodie est l'auteur des peintures de cette galerie consacrée au souvenir des vertus et de la gloire de la famille Negroni.

Près de cette villa se trouve la promenade publique de l'Acqua-Sola dont le casino Negroni est l'un des ornemens les plus pittoresques (Pl. 268). En général, la ville de Gênes manque de belles promenades ; mais si l'on fait attention aux difficultés qu'on a dû surmonter pour trouver l'emplacement nécessaire à bâtir la ville, soit en comblant une partie du port, soit en transportant sur des lieux élevés les matériaux de construction, on concevra sans peine qu'il était difficile d'obtenir sur un sol ingrat et inégal des promenades agréables et ombragées. Cependant l'Acqua-Sola, qui est un véritable jardin, mérite les plus grands éloges. Il faut en effet remarquer la hardiesse et l'idée de créer une plate-forme aussi vaste sur un terrain inégal comme celui de Gênes ; au reste, le choix du local ne pouvait être meilleur. Des points de vue imposans, agréables et variés, en font l'ornement. D'un côté la mer, le chantier, le Lazaret et les fortifications de la ville ; de l'autre, des palais rapprochés et élégans ; en face, la riante colline d'Albaro, s'élançant hors du fond majestueux de l'Apennin, dont les crêtes couronnent en partie l'horizon, bordé par le rocher de Porto-Fino, qui plonge dans la Méditerranée. Enfin, des accès faciles concourent à faire de ce lieu une promenade délicieuse.

L'Acqua-Sola est très-fréquentée, et nous trouverons là d'excellentes occasions d'observer les allures des Génois et surtout des Génoises. En général elles ont bonne façon. Elles portent un ample voile blanc, nommé mezzaro qui leur cache une partie du visage, et qui les enveloppe presque de la tête aux pieds. Sous ce voile elles paraissent toutes charmantes. Les nobles Génoises abandonnent au peuple les ornemens d'or et les bijoux. Aussi voit-on les femmes du peuple se charger, même les jours ouvriers, d'une incroyable profusion de pierreries, de perles et de corail. Un orfèvre de cette ville assurait à lady Morgan qu'à présent encore, une paysanne, qui fait son trousseau de noces, ne trouve point trop cher un collier ou une chaîne de sept à huit cents francs.

Voici d'ailleurs sur la société génoise quelques observations dues à M. Simond, qui m'a paru avoir fait une analyse à la fois spirituelle et impartiale des mœurs génoises : « Je crois pouvoir avancer que les femmes ont ici en général l'esprit plus cultivé, et sont par conséquent plus agréables que dans le midi de l'Italie. Celles que j'ai eu occasion de voir parlaient bien français et anglais. J'en pourrais signaler plusieurs qui avaient le teint des femmes du Nord, ainsi que les manières. J'ai lieu de croire qu'elles étaient irréprochables du côté des mœurs, et que si elles avaient des *cavalieri serventi* ou *patiti*, leurs soins étaient tout-à-fait gratuits. Nous autres gens du Nord, accoutumés que nous sommes à faire quelque chose, nous ne concevons pas qu'on puisse ainsi se dévouer sans motif précis, et nous ne prenons pas garde que le célèbre *far niente* des Italiens est pour eux un objet important, lequel se trouve ainsi parfaitement rempli. Les nobles Génois, dans la société familière, mettent souvent entre eux de côté les titres, et s'appellent simplement par leur nom de baptême, ce qui a un air d'intimité dont l'impression est agréable. Les titres, au reste, ne dérivant d'aucun fief ou même d'aucune propriété territoriale, peuvent bien leur paraître à eux-mêmes de peu de valeur. Leur fortune étant

Genova.   Acqua sole.

Genova. Palazzo della Regina vedova.   Gênes. Palais de la Reine douairière.

principalement placée dans les fonds étrangers, ils perdirent dix-sept millions de rente en France, à la révolution. Comme partout en Italie, le théâtre est presque entièrement consacré à la représentation d'opéras que personne n'écoute; c'est en vain que le malheureux chanteur remplit l'air d'accens harmonieux, l'auditoire est sourd, ou plutôt n'a d'oreilles que pour lui-même. On se fait visite dans les loges, dont les portes s'ouvrent et se ferment à grand bruit.... »

Je terminerai notre revue des principaux monumens de Gênes par quelques lignes sur celui qui m'a le plus vivement touché, et que la bienfaisance a élevé au malheur et à l'indigence; on l'appelle l'*Albergo de' Poveri* (Pl. 269), l'asile des pauvres. Cet utile établissement, qui eut pour premier fondateur un noble de la maison Brignole, peut contenir 1,200 pauvres de tout âge. On y recueille les orphelins, auxquels on apprend un état; de plus, ils reçoivent, en quittant l'hospice, un trousseau et une certaine somme d'argent. Les sexes sont séparés. Dans le quartier des femmes, on admet aussi celles qui furent égarées par le vice, et qu'on veut ramener à la vertu. Elles ne communiquent point avec les autres détenues, et vivent entièrement isolées. De semblables divisions sont faciles à établir dans un pareil édifice : il est si vaste qu'en 1746 il servit de prison à 4,000 Allemands, et

que lors du bombardement de 1694, par Louis XIV, on vit le doge venir chercher un asile derrière ses épaisses murailles.

Le grand hôpital est un autre établissement considérable, près duquel on montrait naguère avec plaisir aux étrangers un lieu célèbre dans les annales génoises. C'est un endroit où le pavé était enfoncé, et qu'on n'avait point réparé afin d'y conserver la mémoire de la révolution qui commença en ce lieu le 5 décembre 1746. Les Autrichiens charriaient un mortier, et voulaient forcer les Génois à les aider. L'un de ces derniers fut victime de la violence des Autrichiens. Un jeune homme, qui au rapport de Lalande était domestique, excita le peuple à la vengeance. On saisit de vive force, dans le sénat même, les clefs de la porte Saint-Thomas, et bientôt le parti populaire s'accrut au point que, malgré les instances des magistrats génois, qui voulaient respecter la capitulation, les oppresseurs étrangers furent chassés de la ville.

Telle est Gênes, telle est cette cité au climat malsain, justement désignée par le nom de Superbe, à cause de la magnificence de ses édifices. Mais, pour être belle, est-elle heureuse? Question importante qui n'a pas besoin de commentaire pour quiconque a médité l'histoire moderne des républiques d'Italie.

DE GÊNES A NICE.

La côte de l'Italie, de Gênes à Nice, me paraît encore supérieure à l'autre partie qui s'étend jusqu'à Livourne. Elle offre une suite de brillans promontoires couverts de bois d'oliviers, dont la pâle verdure contraste avec le vert éclatant des pins, des orangers, des citronniers, des châtaigniers : de grands palais, de jolies maisons peintes en rouge, les coupoles, les clochers des églises, ajoutent à l'effet de cette vaste décoration, mêlée de rochers et de torrens. Quelquefois de belles vallées cultivées s'étendent sur le bord de la mer, et forment de rians et paisibles golfes de verdure à côté de l'azur agité des flots. Les levers, les couchers du soleil, sont admirables sur cet horizon, et la nature y développe à chaque pas ses plus magnifiques scènes.

On ne s'attend pas sans doute à une description détaillée de toutes les villes qui se trouvent sur ce littoral; nous ne parlerons ni de Saint-Pierre d'Arena, le plus magnifique des faubourgs connus, ni de Cornigliano, ni de Sestri, aux délicieuses villas, ni de Voltri, renommé pour ses fabriques de papiers. Nous citerons seulement *Monaco* petite ville fort ancienne, bâtie sur un rocher escarpé qui s'avance dans la mer. Ce petit état, que M. Valery appelle *une orangerie sur un rocher*, est en effet un véritable bosquet, d'où s'exhalent en été les parfums les plus doux. Nous nommerons aussi Cogoletto, qui prétend à l'honneur d'avoir donné le jour à Christophe Colomb. Ces prétentions parurent quelque temps fondées, parce qu'un des deux amiraux, nommé Colombo, avec lesquels il fit voile,

était de ce lieu. Cependant, en lisant attentivement le testament de l'illustre voyageur, il est impossible de douter qu'il ne soit Génois. Son histoire est trop connue pour que nous ayons rien à apprendre au lecteur en ce qui le concerne. On sait quelle justice tardive lui fut rendue. Ce sort, qui est malheureusement celui de tous les grands hommes, devrait, ce nous semble, être compensé par un témoignage public d'honneur et de reconnaissance. On a tellement prodigué les statues, que Christophe Colomb aurait bien dû ne pas être oublié dans ces distributions d'honneurs, parfois trop libéralement accordés. On montre à Cogoletto, au bord de la mer, une espèce de cabane, qu'on dit avoir été habitée par Colomb, et sur laquelle on lit, à la suite de quelques inscriptions pitoyables, ce beau vers rapporté par M. Valery :

Unus erat mundus; duo sint, ait iste : fuère!

Un seul monde était ; qu'il y en ait deux, dit-il : et deux existèrent.

Un ancien portrait de Colomb se voit à la maison communale; mais il ne doit pas ressembler, car cet homme intrépide, éloquent, éclairé, n'est sorti du pinceau de l'artiste, qu'avec un air fort commun.

Savone, petite ville voisine, eut également la prétention d'être la patrie de Christophe Colomb; ce qui paraît certain, c'est qu'il y habita long-temps, et que ce fut de là qu'il partit, après avoir pressenti l'existence d'un nouveau monde. On trouve aussi dans les ar-

Savona.

Brockmann del.   Audot édit.   Chollet sc.

Noli.

chives des notaires de la ville, que le père de Colomb exerçait à Savone le métier d'ouvrier en laine, et qu'il y possédait une maison et une boutique vers l'année 1450.

Savone (Pl. 270) est un port de mer assez commerçant, mais qui n'offre rien de curieux aux voyageurs, si ce n'est peut-être son histoire. On croit qu'elle tire son origine des Gaulois Sénonais, ou des Gaulois Boïens. Il paraît, par une épître de Cicéron, que Marc-Antoine s'y réfugia après la bataille de Modène. L'empereur Pertinax était né dans cette ville, et il acheta des terres aux environs. Savone a été d'autant plus exposée dans les guerres qu'elle eut à soutenir, qu'elle avait un port commode, et qu'elle donnait entrée dans le Piémont et dans le Mont-Ferrat. Elle fut souvent le siége principal, tantôt des Gibelins, tantôt des Guelfes, servant de refuge à ceux qui avaient le dessous à Gênes; mais elle porte encore dans ses armes l'aigle des Gibelins. En 1317, il sortit du port de Savone soixante galères pour le parti de ces derniers. Savone était alors maîtresse de la mer. Le Podestà y tenait une cour brillante; il avait plus de cent personnes dans sa maison. Comme on le voit par le statut de 1325, c'est à Savone que se réunirent en 1507, Louis xii et Ferdinand le catholique, pour couronner le roi de Navarre, et Louis xii y accorda le droit de naturalisation en France à tous les habitans.

Pour bien juger de l'aspect de Savone, il faut monter au fort bâti sur un rocher au bord de la mer; delà on aperçoit les tourelles de la cathédrale, la tour du petit port, le palais de Jules ii, et l'évêché de la ville. La cathédrale est remarquable par la richesse de ses autels; de Lalande raconte qu'il y vit dans une riche chapelle une image miraculeuse de la Vierge; cette image était peinte sur une colonne de la vieille église de Saint-François, que l'on devait démolir; et comme on était embarrassé par le respect que l'on avait pour cette image, elle se détacha d'elle-même, et descendit à terre le 14 mars 1601; on prétend aussi qu'elle ne fut point endommagée par l'explosion de 1648, qui fit cependant une ouverture à la coupole, brisa le piédestal qui supportait l'image, et même le tableau en bois qui la couvrait. Cette image a quatre pieds de haut sur deux de large.

On sait que le pape Pie vii, dans ses malheureuses relations avec la France, s'arrêta quelque temps en fugitif à Savone. L'appartement occupé par ce pontife à l'évêché a été religieusement conservé tel qu'il l'avait habité. Je l'avoue, je fus moins frappé en contemplant la colossale chaire en bronze de Saint-Pierre, suspendue au fond de la brillante basilique; je fus moins touché à l'aspect du trône pontifical, entouré de génuflexions, de l'encens et de toutes les pompes de la chapelle Sixtine, qu'à la vue de ce siége de l'apôtre, de ce trône errant et persécuté, alors que l'on vit bien plus qu'au temps du Dante:

Nel vicario suo Cristo essere catto.

Le Christ être captif dans son vicaire.

Au sortir de Savone, et en continuant notre route vers Nice, nous nous arrêterons à Noli. Cette petite ville (Pl. 270), pittoresque par ses tours et sa position, se maintint en république depuis le douzième siècle jusqu'à la réunion de la Ligurie à la France en 1805; et, quoique sous la protection

P.

de Gênes, elle avait conservé son indépendance et son antique constitution. Son commerce consiste presque exclusivement en produits de pêche.

Il est impossible de ne pas remarquer à chaque pas, sur la route que nous parcourons en ce moment, les travaux gigantesques commencés par les Français; ils rappellent ceux des plus beaux temps de l'empire romain. Tantôt ce sont des ponts qu'il a fallu élever à une grande hauteur au-dessus de la mer; tantôt ce sont des parapets dont les murs ont leurs fondations dans la mer même; tantôt ce sont des rochers immenses qu'il a fallu couper en deux pour faire passer la route dans leur intersection; partout enfin on a dû vaincre la nature par des travaux gigantesques. Mais les Français n'ayant pas eu le temps de les achever, le roi de Sardaigne les fait maintenant poursuivre, et je suis passé au milieu des débris de rochers qu'on avait fait sauter la veille, et auprès d'autres que l'on minait pour leur faire éprouver le même sort. Les travaux actuels s'exécutent, non aux frais de l'état, mais seulement des villes que la route traverse, et qui y gagnent infiniment, puisqu'une foule de voyageurs, obligés autrefois d'aller en Italie par mer ou par les Alpes, se dirigent maintenant par cette côte enchanteresse, appelée Corniche, et aussi rivière de Gênes. L'ouvrage le plus remarquable des Français, aux environs de *Finale*, est une montagne percée, dont la galerie a au moins deux cents pieds de profondeur; ce qui rend ce travail plus étonnant encore, c'est qu'au lieu d'être de tuf ou de pierre tendre, cette montagne est de marbre, et est creusée et taillée en voûte parfaite-

ment cintrée(1). A la vue de ces travaux magnifiques, j'éprouvai, je l'avoue, une satisfaction et une fierté bien naturelles.

Traversant rapidement Finale, dont toutes les maisons sont couvertes en dalles bleues, laissons *Albenga*, aux rues étroites, et *San-Remo*, où la famille Bresea jouit encore du privilége qui lui fut accordé par Sixte-Quint, de fournir de palmes toutes les églises de Rome le jour des Rameaux. Bresea était ce spectateur qui, lors de l'érection de l'obélisque de Saint-Pierre à Rome, sous le pontificat de Sixte-Quint, oubliant l'arrêt qui punissait de mort celui qui proférerait un cri pendant la durée du travail, s'aperçut que les cordages de l'obélisque allaient se rompre, et avertit l'architecte Fontana de les faire mouiller. Pour prix de ce service, qui l'exposait à la mort, Bresea eut une pension considérable et la fourniture héréditaire des palmes de Rome. Depuis les fêtes de Pâques de l'année 1587, un navire est parti constamment avec sa sainte cargaison; la Providence elle-même a semblé prendre soin de la bénir d'avance, car de ces deux cent cinquante navires, pas un seul n'a fait naufrage.

Voici *Villa-Franca* (Pl. 271), autrefois *Port Hercule*, dont le port n'est séparé de celui de Nice que par une montagne au sommet de laquelle s'élève le fort de Mont-Alban. La rade de Ville-Franche, destinée à recevoir les navires de guerre du roi de Sardaigne, est une des plus belles de l'Europe; elle possède de beaux ma-

(1) Une semblable galerie a été taillée dans le roc vif près de Chambéry, au passage des Échelles. Tout le monde parle de la fameuse grotte de Pausilippe, taillée dans le tuf tendre, et il semble que l'on remarque à peine des ouvrages bien plus importans exécutés par les Français, au milieu des guerres et des révolutions. (*Note de l'Éditeur.*)

Nice. Port.

Nizza, presa dalla Terrassa.

Nice, une prise de la Terrasse.

gasins pour la marine, un phare situé
avantageusement ; que lui manque-
t-il donc?.. Des vaisseaux. La lanterne
qui porte le fanal de ce port a été
frappée de la foudre, il y a quelques
années; elle fut ruinée, et plusieurs
personnes périrent par l'explosion de
la poudrière. On vit alors le feu élec-
trique s'élancer de la terre et aller joindre
celui du ciel, comme cela arrive quelquefois lorsque la terre est électrisée
par la nuée.

En entrant à Nice par la porte de
Gênes, on est frappé de l'air de prospérité des campagnes environnantes.
Favorisée par la plus douce tempéra-
ture, l'industrie des habitans sait rendre fertiles les montagnes les plus arides, en formant sur leurs flancs des
terrasses de six à huit pieds de large,
sur lesquelles on dépose toute la terre
végétale qu'on peut ramasser dans les
rochers environnans. Les pierres mêmes sont utilisées et servent de murs
à ces terrasses, qui, placées les unes
sur les autres jusqu'au lieu où la montagne n'offre plus qu'un roc nu, ressemblent de loin à des escaliers de verdure. Chaque terrasse est bordée d'un
rang de ceps de vigne, et derrière, crois-
sent des fèves, du blé, des pois et des
orangers.

Les Liguriens *Vediantii*, espèce de
sauvages, vivant de la chasse et de la
pêche, ignorant l'agriculture, les arts
et les lois, habitaient jadis le territoire de Nice. Le hasard y conduisit les
destins errans d'une colonie sortie de
Marseille. Ces étrangers, sans autre
droit que la nécessité, sans autre raison que la force de leurs armes et la
supériorité de leurs lumières, disputè-
rent à des peuples grossiers un légitime
héritage. Ils les en dépouillèrent à la
suite d'une vigoureuse résistance, et y
fondèrent, trois cent quarante ans

avant Jésus-Christ, une ville à laquelle
ils donnèrent le nom grec de Nikè, en
témoignage de leur victoire. Telle est
l'origine de Nice.

Ce petit état, après avoir éprouvé
un grand nombre de révolutions, et
passé successivement sous le joug de
divers maîtres, appartenait aux ducs
de Savoie depuis 1388, époque de
son démembrement de la Provence.

Malherbe la regrettait, et il espérait
belliqueusement la voir reprendre :

> Guise en ses murailles forcées,
> Remettra les bornes passées
> Qu'avait notre empire marin.

Le désir du poëte fut exaucé : en
1792, Nice rentra sous la domination
française, mais pour retomber bientôt
sous celle des rois de Sardaigne, auxquels elle appartient aujourd'hui.

Le climat de cette ville est délicieux;
il est plutôt doux que brillant. Une
triple enceinte de montagnes oppose
aux vents du nord un rempart invincible, et ne laisse pénétrer que ceux
du midi. Tous les matins et tous les
soirs, une légère brise rafraîchit l'at-
mosphère : aussi n'est-il pas étonnant
que le roi de Sardaigne ait choisi cette
ville au doux climat pour y fixer sa
résidence d'hiver.

Nice, en temps de paix, est peuplé
d'une multitude d'étrangers valétudi-
naires, dont la constitution délicate a
besoin de l'influence d'une chaude tem-
pérature. Le Russe, le Suédois glacé,
l'Anglais attaqué du spleen, quittent
en foule leur patrie pour venir dans
cette heureuse terre échanger leur or
contre la santé.

La ville, bâtie en partie sur le rivage,
en partie adossée à un énorme rocher,
au sommet duquel était un fort que le
maréchal de Berwick fit raser en 1706,
se partage en vieille et en neuve. La

première est obscure, sale et montueuse; dans la seconde, on voit de belles rues, des maisons d'une architecture élégante, de grandes places, comme celles de Victor et de Saint-Domingue; enfin une terrasse spacieuse qui règne sur le bord de la mer, et au-dessous un cours planté de deux belles rangées d'arbres. (Pour Nice, voyez les Pl. 268-269.)

Lorsqu'on est parvenu sur cette terrasse, on jouit d'une fort belle vue. Au midi, la mer avec toute sa majesté et son infini : en face les mâts des petits navires qui se balancent dans le port. Sur le sommet d'un promontoire, le château de Montalban, aux masses grisâtres et sévères. Au nord, une foule de collines et de montagnes couvertes d'oliviers et de maisons de campagne appelées bastides; à la pointe sud-est, la France, Antibes, avec sa population d'édifices; enfin, au bord de la mer et dans la vallée, Nice et ses maisons recouvertes de tuiles creuses, Nice et ses jardins remplis d'orangers et de citronniers en fleurs.

Ici, aucune église ne se distingue par son architecture; la Santa-Reparata, qui tient le premier rang, n'est qu'un édifice médiocre. La profusion de sculptures, le faux brillant des décorations, fatiguent les yeux et blessent le goût. L'église des Jésuites renferme le meilleur tableau que la religion ait conservé à Nice. Il représente la communion de saint Benoît. Au milieu d'un groupe de figures pleines de mouvement et d'expression on remarque la tête du vieillard mourant. La vertu, la résignation, l'espérance, y sont peintes : il va quitter la terre et monter au ciel.

Derrière le rocher qui couvre l'ancienne ville, se trouve le port; il est étroit, peu profond, exposé à des coups de vent terribles du sud, et dépourvu de chantiers de construction et de lazaret : mais il offre aux marins un avantage particulier, la jouissance d'une source abondante qui vient y verser ses eaux douces et limpides. Nous vîmes au bagne quelques galériens. Ils n'avaient pas l'air sombre et hagard de ceux de Gênes : ce sont des déserteurs; ils expient dans la servitude un moment d'erreur ou de faiblesse; mais leur âme, exempte d'autre reproche, n'est point inaccessible au doux sentiment de la gaîté.

Les principales productions du terroir de Nice sont les oliviers, le vin, les oranges et la soie : l'opulence y est rare, et la misère commune. L'habillement des habitans ne présente rien d'extraordinaire, si ce n'est la manière dont les femmes du peuple enferment leurs cheveux dans un réseau de soie noire, rouge ou bleue, qui se noue sur la tête, et retombe sur le cou en forme de petit sac.

La campagne de Nice est beaucoup plus intéressante que la ville. Pour en connaître les charmes, il faut s'égarer sur les coteaux voisins : on y rencontre souvent des sites dignes du pinceau d'un paysagiste, et quelquefois des ruines, dont l'ami de l'antiquité sent vivement le prix : celles de Cimiers furent un jour le but de notre promenade. Cette ville, autrefois florissante et le siége d'un sénat, n'existe plus que dans le souvenir des hommes : un jardin occupe une partie de son antique enceinte; l'autre est abandonnée à l'agriculture. La bêche et la charrue déchirent tous les jours ce sol classique, et de sombres yeuses, de tristes cyprès, dont le mélancolique ombrage est un ornement convenable à cette scène, pressent de leurs profondes racines la tombe ignorée d'un sage ou d'un héros. L'emplacement d'une ville anéantie est un lieu propre à inspirer de salutaires réfléxions sur la vanité des choses humaines.

A une demi-lieue de l'abbaye de Saint-Pons s'élève, sur une espèce de pain de sucre, le château de Saint-André. Un peu plus haut, le *Paillon* se divise en deux bras, dont l'un, resserré dans une gorge, roule au fond d'affreux précipices. Après un quart d'heure de marche on parvient à un endroit où les rochers réunis lui fermaient naguère toute issue : ses flots irrités ont vaincu cet obstacle et se sont frayé un passage souterrain, qui prend le nom de grotte Saint-André, à cause du château voisin ; cette grotte peut avoir cinquante pieds d'ouverture; l'intérieur en est tapissé de plantes aquatiques qui pendent en festons de verdures; elle va toujours en se rétrécissant : le torrent la traverse et ressort en cascade à quatre-vingts pas de l'entrée.

TURIN.

On n'a rien épargné pour rendre agréable la route qui va de Nice à Turin. Il n'y a pas tout-à-fait un siècle que ce trajet, de trente lieues à peine, offrait toutes les difficultés d'un long voyage. Après avoir suivi pendant trois heures les gorges de la Scarène, qu'on rencontre au sortir de Nice, on gravit un chemin composé de terrasses superposées, le long des flancs de la Brauve, montagne fort escarpée, du côté de Turin. Bientôt après, un vallon cultivé laisse apercevoir jetées, çà et là, les maisons du village de Sospelle. Tout à coup l'horizon est brusquement arrêté par de hautes et arides montagnes. L'une d'elles surtout, qu'il faut pourtant se résoudre à traverser, attire longtemps les regards par son élévation et par le rideau grisâtre que forment à sa surface d'immenses plantations d'oliviers. Toute cette route était dernièrement encore couverte de contrebandiers piémontais, qui portaient du tabac en Dauphiné.

Laissons à droite le village de Saorgio, où se trouve un fort qui commande le Col-de-Tende. Ce passage fameux, situé au-dessus d'un gros village de même nom, est d'un aspect tellement sinistre, l'air est si froid, la neige est même tellement insupportable dans certains momens, qu'il ne faut pas moins que les fleurs, les prairies et les troupeaux, qu'on trouve au sortir du défilé, pour dédommager le voyageur des ennuis de ce passage. A Limone, la route s'élargit, l'horizon se recule, et l'œil satisfait embrasse la vaste plaine du Piémont, qui se prolonge jusqu'aux portes de Turin.

Avant d'entrer dans cette ville célèbre, ne jetterons-nous pas un coup d'œil sur les contrées environnantes, qui contiennent tant de fertiles vallées et tant de cités pittoresques, telles qu'*Asti*, dont les vins sont analogues à ceux de Champagne, et *Alessandria*, qui se glorifie du voisinage du riant Tanaro? Il est surtout, dans ces contrées, un endroit glorieux qu'un œil

P

français ne saurait, malgré la distance qui le sépare de Turin, manquer de découvrir. Je veux parler de Marengo, où fut livrée la fameuse bataille qui décida du sort de l'Italie, et força l'Autriche et Naples à nous demander la paix.

Héros qu'a, moissonnés le désir de la gloire,
  Vous dont les cadavres sanglans
Ont engraissé ce champ de la victoire,
  Consolez-vous, la main du Temps
A gravé vos exploits au temple de mémoire !
  Consolez-vous, preux immortels:
Vous avez fatigué les burins de l'histoire,
  Et vos tombeaux sont des autels.

Telle est l'exclamation poétique inspirée à M. Montémont par la vue du champ de bataille de Marengo. En le visitant, nous avons douloureusement regretté de ne plus retrouver la colonne surmontée d'un aigle, qui indiquait l'endroit où le brave Desaix fut frappé à mort.

Turin, située non loin du confluent de la Doire-Ripaire, dans le Pô, occupe le centre d'une plaine délicieuse, arrosée par un grand nombre de canaux. C'est de cette plaine que commence le bassin de l'Adriatique, l'une des plus magnifiques régions de l'Europe.

Les environs de Turin, remarquables par la variété et la fertilité du sol, offrent en mille endroits des séjours enchantés, soit dans la plaine, le long des rivages du Pô et de la Doire, ou sur les monticules et dans les vallées voisines. Partout l'on admire des châteaux et des maisons de campagne charmantes, avec des jardins et des parcs, dont les dessins ont peu coûté aux propriétaires, parce que la nature elle-même, déployant ses richesses, en a tracé et ennobli les aspects d'une beauté ravissante.

Plus on approche de la ville, plus on est frappé de sa brillante situation, au milieu d'un amphithéâtre de coteaux couverts de vignes. Les sinuosités du Pô montrent, sous divers aspects, ce fleuve classique, autrefois si fier des cinquante villes qu'il baignait et de ses trente rivières tributaires. La première vue de Turin est extrêmement imposante, surtout lorsqu'on est placé au sommet de la montagne des Capucins (Pl. 275), ainsi nommée parce qu'elle est couronnée par le couvent de cet ordre. Du haut de cette délicieuse colline, la vue se perd dans un horizon immense, borné par les Alpes jusqu'à une distance de plus de quinze lieues. Dans ce vaste rayon, les maisons de Turin, les palais, les villas, les monastères, étalant en amphithéâtre leurs beautés variées, entourent la riche plaine qui s'étend jusqu'à Rivoli, tandis que le Pô décrit ses contours majestueux à l'ombre des Alpes gigantesques, dont les torrens enflent ses eaux, et qui, couronnées de leurs neiges éternelles, dominent ce magnifique paysage.

M. Valery a traduit la première impression que lui fit éprouver la vue de Turin en termes d'une peinture triste, bien qu'exacte : » L'aspect de Turin paraît bien froid au retour d'Italie; les rues ont une sorte de régularité sans magnificence, qui est l'opposé des autres villes; les mœurs italiennes et les habitudes de guerre forment un singulier mélange : Turin s'accroît chaque jour d'une manière frappante; je ne crois plus qu'elle soit, comme on le disait, la plus petite des capitales de l'Europe, et sa population, qui, en 1815, ne s'élevait qu'à soixante-treize mille âmes, dépasse aujourd'hui cent seize mille. La capitale du roi de Sardaigne semble s'être agrandie dans la même proportion

L. Rossini del.

Torino. *Vista generale della città con le Alpi al fondo.*

Imbr. edit.

Turin. *Vue générale de la ville et des Alpes.*

Aubert sc.

Torino. Convento de' Capuccini preso dal Ponte del Po.

Turin. Couvent des Capucins vu du Pont du Pô.

que ses états, qui sont une véritable marqueterie politique, offrant dans leur exiguité des disparates de sol et de mœurs non moins fortes que les plus grands empires. Cet état réunit en effet les plaines fécondes du Piémont, les sommets glacés des Alpes, les montagnes brûlantes et les forêts de la Sardaigne, et il a rendu compatriotes l'indigent et fidèle Savoyard, le riche et fin Génois, le Piémontais intrépide et le Sarde à demi Africain. »

La physionomie historique du pays que Turin préside en noble capitale, n'est pas moins intéressante que sa physionomie physique. Placée comme à l'avant-garde de l'Italie, Turin a subi tour à tour l'influence de chacun des conquérans qui voulaient pénétrer dans la terre promise. Aussi l'histoire moderne de cette ville se trouve-t-elle entièrement confondue avec celle des guerres d'Italie, dont sa position l'a presque toujours rendue le premier théâtre.

Érigée en municipe, puis en colonie, Turin éprouva d'abord le sort de l'empire romain. Saccagée par les Goths sous Alaric, au commencement du cinquième siècle, elle fut munie d'un mur de clôture dont il reste des vestiges. Elle commença à se réparer sous le règne des Lombards, et sous celui d'Agilulph et de Théodolinde, princesse qui jeta les fondemens de la cathédrale. Après la chute des Lombards, en 773, elle tomba entre les mains de Charlemagne et fit partie de son royaume d'Italie; par la suite elle fut comprise dans la marque de Suse. Des mains d'Adélaïde, dernier rejeton du marquis de Suse, elle échut à Odon, fils de Humbert, comte de Maurienne et de Savoie.

De cette époque date la toute puissance des comtes de Savoie en Piémont. Les bornes de cet ouvrage ne nous permettent pas d'entreprendre l'histoire fort étendue de ces princes. Nous examinerons simplement la part que Turin a prise aux différentes révolutions du pays dont elle est la capitale. Plus d'une fois elle a été assiégée dans ces derniers siècles; elle le fut en 1536 par François Ier, qui s'empara de tous les états du duc de Savoie : les historiens nationaux disent que l'ambition de François Ier fut la seule cause de cette guerre, dont il donna pour prétexte l'usurpation du comté de Nice et la succession de Louise de Savoie, sa mère.

La ville de Turin fut prise encore par les Français en 1640 : ce siége est un des événemens du ministère de Richelieu; il fut précédé de deux batailles, et le prince Thomas de Savoie, malgré tous ses efforts, ne put forcer les lignes du comte d'Harcourt, qui commandait les troupes françaises, ni lui faire lever le siége. Ce comte d'Harcourt, qu'on avait appelé le cadet de la Perle, parce qu'il était le cadet de la maison de Lorraine, et qu'il portait une perle à l'oreille, fut appelé par les dames de Turin la Perle des cadets.

Mais le siége le plus mémorable qu'ait souffert la ville de Turin est celui de 1706, qui a donné lieu à la construction de la belle église appelée la Superga.

Après que le duc de Vendôme eût gagné les batailles de Cassano et de Casinato, il ne lui restait plus qu'à prendre Turin pour être maître du Piémont. Le duc de la Feuillade, fils du maréchal de même nom, y commanda le siége sous le duc d'Orléans, à la tête de soixante mille hommes, et Chamillard, son beau-père, ministre de la guerre, fit des dépenses énormes pour hâter le succès de l'entreprise; le duc de Savoie sortit de la ville et échappa aux Français; le prince Eugène vint au secours de Turin, et, le 7 septembre 1706, il traversa la citadelle pour attaquer les endroits faibles du camp; il força les retranchemens du maréchal de Marsin, à qui la cour avait défendu d'aller au devant des ennemis, et qui fut obligé de les attendre, dans des circonstances où il lui eût été bien plus utile d'attaquer; ce fut la cause de sa défaite et de sa mort : cet événement était d'autant plus douloureux, que les Français, campés sur la hauteur des Capucins (1), étaient placés d'une manière favorable, et dominant tous les environs, avaient assez d'avantage pour être moralement sûrs du succès. Au reste, la perte des Français ne fut pas de plus de deux mille hommes; mais la dispersion de l'armée entraîna la levée du siége. On prétend qu'un Piémontais, en faisant remarquer à un Français la beauté de l'édifice de la Superga, lui disait : « Il faut que la défaite des Français ait été terrible pour occasioner un si grand monument d'actions de grâces. Non, répartit le Français, il faut que ce soit la peur des assiégés, car le vœu a dû précéder la défaite. »

A l'époque de la révolution française, les Piémontais formèrent l'avant-garde de la coalition continentale : ils avaient été les premiers à entrer en France. Chassés de la Savoie, ils continuèrent à résister dans les alpes italiennes, et ce ne fut qu'à la dernière extrémité que Turin se rendit. Le roi de Piémont, Victor-Emmanuel, se

retira en Sardaigne pour attendre que le torrent de la conquête française eût abandonné ses états de terre ferme.

Bonaparte sut faire accompagner sa victoire d'une réforme impérieusement réclamée par ses nouveaux sujets, et si quelques intérêts particuliers furent choqués par la réorganisation du Piémont; si quelques nobles murmurèrent; si quelques membres du clergé fulminèrent un anathème impuissant contre les lauriers du général français, la prospérité générale adoucit graduellement la désapprobation individuelle.

Mais lorsqu'en 1815 le colosse qui avait imposé ses lois à l'Europe entière tomba de sa cime élevée, et roula jusqu'à Sainte-Hélène, les rois sortirent de leur retraite, et les institutions anciennes tendirent tour à tour à reprendre leur influence première. Le roi de Piémont, après une émigration de quinze ans, reparut à Turin.

Le Piémont est un des pays qui ont tiré le plus d'avantages de la révolution. Une éducation européenne s'étend maintenant à tous les rangs : le noble, le bourgeois, le soldat, participent également à ses bienfaits, et les résultats qu'elle a produits se reconnaissent dans la société privée de Turin, et dans les efforts de chacun pour fonder des établissemens utiles au bien public. Qu'on ne s'attende pas, d'ailleurs, à trouver ici des mœurs, un langage et un costume particuliers, comme dans telle ou telle autre ville d'Italie. L'habitude de copier la cour de France, les alliances entre cette cour et la maison de Savoie, la proximité des deux pays, a produit, surtout dans ces derniers temps, une conformité d'usages, telle qu'on rassemblerait difficilement dans le Piémont assez

(1) La vue de la planche 270 est prise de ce point. La ville se voit tout entière dans la plaine, et la chaîne des alpes de Suisse et de Savoie forme le fond de la décoration de cet immense paysage. Dans la planche 274, le spectateur est placé vers le pont du Pô, et il a en perspective le joli coteau, le couvent des Capucins, la vigne de la Reine et une infinité de maisons de campagne. La Superga (Pl. 277) est située à la gauche sur la continuation de ce coteau.

de traits distincts pour former une physionomie vraiment originale.

Mais en revanche il est tel monument de Turin dont le caractère est tout-à-fait spécial, il est tel point de vue qu'on ne saurait comparer à aucun autre.

Ainsi, par exemple, l'impression produite par le spectacle des merveilles de la colline des Capucins, augmente encore lorsque les yeux se dirigent vers le pont élevé sur le Pô. Il est difficile, en effet, de n'être point frappé de la vue de ce monument, qui attestera long-temps le séjour des Français en Piémont au commencement du dix-neuvième siècle. Ce noble édifice a été entrepris en 1810, sur les dessins de l'ingénieur en chef Pertinchant. La belle corniche du pont, l'aspect majestueux des arches, et le développement des trottoirs et des parapets, ont quelque chose d'imposant qui retrace la grandeur des édifices bâtis par les anciens. En face du pont on voit s'élever le beau temple dédié à la Vierge, que la ville a décrété par une délibération prise, afin de perpétuer le souvenir du passage du roi Victor-Emmanuel lors de son retour en Piémont. Quelle que soit la solidité de ce pont sur le Pô, l'on doit regarder comme l'un des garans de sa durée la belle digue qui, en forçant les eaux à se rejeter dans le canal qui les amène au moulin de Notre-Dame du Pilon, a aussi l'avantage de conserver fixe le régime du pont, en ménageant la chute des eaux, quelle que soit leur crue occasionée par les pluies. D'ailleurs cette digue a ouvert sur les bords du canal, une promenade enchanteresse, par sa variété et la nature de ses accidens.

Avant de quitter le lieu où nous sommes reportons encore nos yeux sur la campagne environnante et sur le monastère des Capucins, dont le mérite se perd dans la magnificence des sites environnans. Ému de tout ce qu'on vient d'admirer, on contemple avec une sorte de rêverie la flèche de l'église du couvent, car la méditation s'attache volontiers aux objets religieux. Trop heureux si quelque cicérone maladroit ne termine point tout à coup cette contemplation pour s'écrier mal à propos que l'église des Capucins a été fondée par Charles-Emmanuel le Grand, et que la reine Christine de Suède assista le 22 octobre 1656 à la dédicace de l'église.

Dans les environs de la riante colline qui ondule autour de Turin, nous trouvons *la Vigne de la Reine* (Pl. 277). Ce palais a pris ce nom après avoir été le lieu de délices de la reine Marie-Anne d'Orléans, femme du roi Victor-Amédée II. Bâtie par le cardinal Maurice de Savoie, avant son mariage avec la princesse Louise, sa nièce, cette maison fut appelée d'abord villa Ludovica. Elle est projetée en amphithéâtre, avec des alentours délicieux, et fait face en dehors de la ville, à la rue du Pô. On monte à la Vigne de la Reine par de doubles rampes et des escaliers, doubles aussi, qui aboutissent à la grande salle d'entrée.

Cette retraite, moitié ornée, moitié négligée, offre un mélange bizarre d'abandon et de magnificence : ses colonnes ioniques, ses plafonds dorés et ses murailles peintes à fresque, contrastent avec un ameublement beaucoup trop modeste. « Nous vîmes dans la chambre de sa majesté, dit lady Morgan, une commode vermoulue, près d'un cabinet orné de pierres précieuses, et à côté d'un soubassement de marbre, un vieux sopha, sur lequel la lassitude elle-même aurait refusé de s'asseoir. Une suite de portraits de la famille royale actuelle semblait avoir été peinte par la main qui exécuta les sept miss Flamborough, avec leurs sept oranges, ainsi qu'on le voit dans le roman de Goldsmith. »

Le jardin de la Vigne de la Reine est bien distribué, et, sans offrir rien d'extraordinaire dans ses compartimens, on ne peut le parcourir sans éprouver un vif plaisir causé par la beauté de la situation de cette royale demeure.

Certes, on éprouve une émotion bien plus vive encore, lorsqu'au sommet de la colline, qui porte le monastère des Capucins, et la vigne de la reine, on aperçoit la belle église de la *Superga* (Pl. 277). Elle tire son nom de l'emplacement élevé qu'elle occupe : *super terga montium* « sur le dos des monts ». La Superga est un monument de la reconnaissance du roi Victor-Amédée envers une madonne révérée dans le pays, et l'accomplissement de la promesse qu'il lui fit, lors du siége de Turin par les Français en 1706 (ainsi que nous l'avons dit), de lui ériger un beau temple si elle les obligeait à lever le siége. Qu'elle s'en soit mêlée ou non, le siége fut levé, et l'église a été bâtie sur le plan le plus noble, et dans la plus heureuse position ; Dominique Juvara en fournit les dessins ; c'était le Perrault du Piémont. Le portique de la Superga est orné de belles colonnes d'un marbre rouge et blanc, qui a le défaut de se décomposer ; on a été obligé de regarnir les vides avec des morceaux rapportés. Les caveaux de cette église sont consacrés aux tombeaux de la famille royale, et ces tombeaux n'ont pas éprouvé le sort de ceux de Saint-Denis. Au reste, dit M. Valery, les caveaux modernes de ce Saint-Denis Sa-

voyard, tout plaqués de marbre blanc, jaune et vert, m'ont paru sans majesté, sans tristesse ; les bizarres ornemens de cette architecture, malgré la richesse des matières, ne valent point nos tombeaux des rois. Les voûtes de pierre, les souterrains, noircis par le temps, des vieilles basiliques, conviennent bien davantage à ces sanctuaires de la mort. Dans un caveau à part se trouvent les restes des enfans et des princes de la famille royale qui n'ont point régné : les premiers vécurent un petit nombre de jours dans l'innocence ; les seconds purent être honorés et bienfaisans ; ces deux classes de princes ont été heureuses d'avoir échappé à la couronne. Ce petit trône de Savoie est au reste celui qui compte le plus d'abdications. On dirait que ces rois des Alpes, ces souverains de glaces et de rochers, dont les états sont le plus rapprochés du ciel, éprouvent plus facilement le dégoût de la terre.

Rentrons maintenant dans la ville, dont nous nous sommes éloignés pour visiter tous ces beaux monumens qui ornent la partie orientale de Turin. Repassons rapidement le pont du Pô et la place du même nom (Pl. 276). Cette place, que nous connaissons déjà, se nomme encore place de la venue du Roi, et sert de promenade. On y jouit d'une vue peu étendue, mais très-riche sur la colline que nous venons de quitter. A cette promenade vient aboutir celle du rempart, ombragée par de beaux chênes, arbres aussi rarement employés dans les promenades des villes qu'ils sont communs dans les campagnes.

Des faubourgs mal bâtis ou des murailles ruinées ne défigurent point les entrées de Turin. Les rues sont spacieuses, propres, alignées ; elles se croisent à angles droits, et vont la plupart d'un

Moncalieri.

Torino. Ponte e Piazza del Po.   *Turin. Pont et Place du Po.*

Superga.

Bouchet del.   Audot edit.   Aubert sc.

Torino. La Vigna della Regina.   Turin. Vigne de la Reine.

Turin.   Il Castello.

Turin.   Le Château.

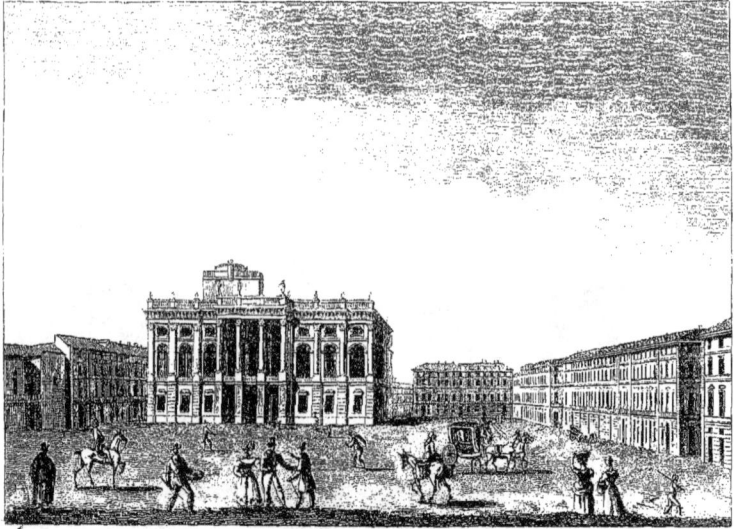

Torino. Piazza Castello.   *Turin. Place du Château.*

Torino. Piazza Reale.   *Turin. Place Royale.*

bout de la ville à l'autre. Elles sont toutes arrosées par des ruisseaux d'une eau limpide et courante, qui en facilitent le nettoiement. On traverse ces ruisseaux, trop larges pour une seule enjambée, tantôt sur des petits ponts formés d'une large dalle, que supportent deux pierres, ressortant du pavé en forme de piles, tantôt sur ces piles mêmes, dont la hauteur n'excède que de quelques pouces le niveau de l'eau.

Une rue longue et régulière, *Via del Pô*, nous conduit sous de magnifiques arcades (car Turin est la ville aux arcades, ornement si commode et si gracieux), jusqu'à une belle et vaste place. Regardez de tous côtés : voici des portiques, continuation de ceux qui nous ont amenés jusqu'au point où nous sommes. Maintenant voyez en face de vous, ce grand, vieux et solitaire bâtiment, qui s'élève au milieu de la place (Pl. 278). Il semble que tous les jeunes monumens se soient reculés pour lui faire hommage, et l'entourer à distance. Lui, cependant, vous offre ses deux tours en briques rouges, ses créneaux et ses murailles de vieille forteresse. La place tourne autour de cet édifice, qui se tient là debout tout seul : tournons aussi à notre tour pour le voir de tous côtés. Quelle surprise ! quel étrange contraste ! quelle jolie, élégante et moderne façade (Pl. 279)! Appartient-elle bien réellement à ces vieux donjons que nous venons de voir ? C'est à douter de la réalité. Tout cela pourtant ne forme qu'un même bâtiment, connu sous le nom du château, *il Castello*. La place qui s'étend au-devant de cet édifice, a pris son nom.

Les premiers murs du château datent du treizième siècle. Restauré en partie en 1416, par le duc Amédée VIII,

il ne dut sa façade, dans ces derniers temps, qu'à la munificence de la duchesse de Nemours. Mais, par une négligence étonnante, ou du moins par un respect dont nous sommes loin de nous plaindre, la partie postérieure de l'édifice offre, encore intacts, les vestiges de sa primitive construction.

Le château possède un beau musée nouvellement formé, et dans lequel on a réuni les principaux tableaux qui ornaient les divers palais du roi ; on peut surtout remarquer au nombre des plus importantes richesses de cette galerie, les tableaux de l'*Albane*, représentant les *quatre élémens*. On remarque aussi une vierge, qu'on attribue, avec doute, à Raphaël.

En regardant la façade du *château*, vous avez à votre gauche une place qui n'est, à vrai dire, qu'une continuation de celle qui entoure le *château*, bien qu'on l'ait désignée par un autre nom. C'est la *Place Royale*, pour laquelle le gouvernement a décidé de nouveaux embellissemens, et une plus vaste étendue. Lorsqu'elle sera entièrement terminée, deux grands corps de bâtimens particuliers, et deux belles allées d'arbres l'encadreront de leurs gracieux hémicycles. Regardez au fond de cette place : voyez-vous un grand bâtiment déployer ses trois ailes autour d'une vaste cour ? C'est le palais du roi (Pl. 279), dont l'extérieur annonce moins la demeure d'un souverain que la maison d'un riche bourgeois. Ce qui le dépare le plus, à mon avis, est son humble toiture en tuile cannelée, qui ne diffère en rien de celles des plus simples maisons de village. Le premier objet d'art que présente le palais, est la statue équestre de Victor-Amédée, placée sur le grand escalier, armée de pied en cap, et montée sur un cheval de bataille (vrai Bucéphale), qui, fier, indompté, foule le corps de deux hommes prosternés.

L'intérieur du palais, qui ne peut plus être vu que par faveur spéciale, est vraiment royal; c'est-à-dire qu'il est riche, majestueux, brillant, chargé d'ornemens, mais dépourvu des choses les plus utiles. Les appartemens d'honneur sont extrêmement splendides; les murs en sont enrichis de peintures à fresque, dues à presque toutes les écoles que les Italiens appellent ultramontaines, qui sont les écoles hollandaise, flamande et française. La plupart des tableaux viennent de la succession du fameux prince Eugène, le plus distingué des membres de la maison de Savoie. La galerie de ce palais, si souvent décrite et tant louée, a toute la magnificence que peuvent donner les fresques et la dorure. Les nombreux et excellens portraits de Vandick qu'elle renferme en font l'ornement le plus précieux. Des pièces de toutes les grandeurs, des colonnes, des richesses, se succèdent; des cabinets, des oratoires, des toilettes, des châsses, des trônes, des autels, des boudoirs, des salles d'audience sans fin sont vues et traversées avec fatigue.

Il n'est peut-être pas hors de propos de citer, à l'occasion du palais du roi, les principales résidences que le souverain du Piémont possède aux environs de Turin. Le château de Montcalier, dont la situation rappelle celle de Saint-Germain-en-Laye, ou celle de Windsor, mérite une mention particulière (Pl. 276). Cette ancienne résidence des ducs et des rois de la maison de Savoie a toujours été préférée par eux, à cause de la salubrité de l'air qu'on y respire. Montcalier, qui sous le régime français servit d'hô-

pital militaire, fut restauré par le roi Emmanuel, et plus tard ce nouveau Charles-Quint vint y terminer ses jours, après son abdication volontaire du trône.

Le château *Valentin* est une autre demeure royale non moins fastueuse que la précédente. Pour y arriver, il nous faut traverser toute la ville du nord au sud, passer la barrière de Montviso, laisser à notre droite l'immense citadelle de Turin, élevée sur une colline à l'extrémité occidentale de la ville, et nous engager dans une longue avenue qui conduit aussi aux jardins de botanique. A voir cette avenue, sur les bords du Pô, on dirait d'un grand château de France, sur les rives de la Seine ou de l'Oise; car le Valentin, qui doit ses embellissemens à Madame, Christine de France, fille de Henri IV, retrace bien plus vivement les environs de Paris qu'il ne porte en lui un caractère italien (Pl. 281).

Les allées de ce château forment une superbe promenade, qui est moins fréquentée que les autres, parce qu'elle est plus éloignée. Pour terminer ces détails sur les châteaux du roi de Piémont, nous citerons encore la résidence de Raconis, moins à cause de la somptuosité de l'édifice, que pour ses souvenirs historiques. Tout rappelle en ce lieu la mémoire de deux grands capitaines, les principaux soutiens de la maison de Savoie, le prince Thomas et le prince Eugène.

En nous rendant à la place Saint-Charles, vers laquelle nous nous dirigeons maintenant, disons un mot des églises de Turin.

Avant la révolution, cette ville en contenait cent dix, toutes magnifiquement dotées, riches en marbres et en tableaux; mais aujourd'hui elles sont beaucoup moins propres à exciter l'ad-

Torino. Piazza S. Carlo.

Turin. Place St Charles.

Torino. Palazzo del Valentino.   Turin. Palais Valentin.

Torino. Piazza dell'Erbe.   Turin. Hotel de ville.

miration par la richesse de leurs ornemens, et, en général, elles ont plus
d'élégance que de beauté, à l'exception
toutefois de celle de Saint-Philippe,
qui offre une vaste nef et un beau portique moderne à colonnes striées. La
coupole du dôme du Saint-Suaire (la
cathédrale) ne peut manquer de réunir
tous les suffrages : elle est, intérieurement, revêtue en entier d'un marbre noir, dont la teinte convient
admirablement au demi-jour qu'on
y a ménagé. Les yeux, en péné-
trant sous cette voûte, se baissent
involontairement : on est saisi d'une
sorte de frisson religieux. Le saint
suaire, auquel cette église a été consacrée dans l'origine, y est toujours
gardé religieusement. Un voyageur raconte que cette relique fut montrée en
sa présence au pape Pie VII, lors du
passage de ce pontife à Turin. « Le
saint suaire est une grande pièce de
toile rousse assez fine et très-claire; il
fut étalé sur une table qu'entouraient
les cardinaux : le pontife était au bout.
Je le vis s'incliner avec respect, puis
baiser la sainte toile avec un signe de
croix ; les cardinaux et tous les prêtres
de sa suite l'imitèrent. » Le saint suaire
de Besançon, avant d'avoir été brûlé
par les ennemis de la religion, qui se
disaient les amis du peuple, disputait
à celui de Turin l'identité que celui-ci
réclamait à son tour.

A quelque distance de Saint-Philippe, nous voyons la place Saint-
Charles (Pl. 280), qui doit son nom
à l'église Saint-Charles Borromée,
située du côté de la rue de Porta-Nuova.
Cette place dont on attribue le dernier
dessin au célèbre comte Alfieri, est d'un
aspect grandiose. Ces belles arcades,
ornement qu'on a prodigué dans les
rues de Turin, et qui, semblables à
celles de notre rue de Rivoli, bordent

P.

de chaque côté la place San-Carlo,
forment une décoration convenable
à un lieu destiné aux parades de la
garnison. On voit sur cette place, ce
qui n'est pas rare en Italie, une église
dont tout est terminé, sauf la façade.
Ce qu'il y a de plus malencontreux ici,
c'est que cette façade de brique fait
parallèle à une autre entièrement
achevée. Elles sont là depuis longues
années : qui donc fera cesser cette dis-
parité ?

Non loin de la place Saint-Charles
on peut voir les bâtimens massifs de l'u-
niversité : ce grand monument où plus
d'une fois retentirent d'éloquentes paroles, contient une bibliothèque considérable, un musée de sculpture antique,
un cabinet de médailles fort remarquable, un cabinet de physique que
Beccaria a rendu immortel, et enfin
un musée égyptien, l'un des plus riches de l'Europe. Dans les environs, on
montre aussi avec respect le palais
d'Alfieri. Si, comme nous, le lecteur
sent battre son cœur, s'animer sa curiosité, dès qu'il s'agit des restes matériels qui peuvent attester encore le
passage d'un grand homme sur la terre,
qu'il regarde cette fenêtre. C'est celle
où Alfieri passait les nuits et les jours
dans la contemplation de la demeure
d'une maîtresse dont il trouva bientôt
les chaînes si insupportables.

Alfieri, le plus grand poëte du Piémont, et l'un des meilleurs auteurs
dramatiques de l'Italie, est aussi national dans cette contrée que Shaks-
peare l'est à Londres. Cependant ses
tragédies, si belles de style, si admirables à la lecture, sont à la représentation trop régulières, trop com-
passées, trop sèches : son imitation
de la simplicité antique est exagérée
et fausse; ses quatre éternels personnages, malgré le pathétique et la vio-

lence même de leurs sentimens, ne suffisent point à animer la scène; aussi, quand on joue une de ses pièces, chacun se croit obligé d'y aller par esprit public, mais tout le monde s'y ennuie, et s'y fatigue. Je ne crois point d'ailleurs que cet engouement pour Alfieri, qui veut être du patriotisme, soit bon aujourd'hui à quelque chose; le patriotisme de ce grand poëte est hautain, haineux, emporté, exclusif; il doit être plutôt funeste aux Italiens, et les égarer, que les exalter et les anoblir.

« La simplicité d'Alfieri est vantée, dit M. Patin; mais il ne faut pas croire que ce soit la simplicité grecque; rien ne se ressemble moins. Pour les Grecs, l'action n'est qu'un moyen; pour Alfieri, c'est le but même du drame. L'événement importe peu aux Grecs; ils ne s'en servent que pour amener la peinture variée des mœurs et des caractères, qui est leur unique affaire; Alfieri subordonne, au contraire, cette peinture au tableau de l'événement qui l'occupe exclusivement; tandis que les Grecs ralentissent à dessein le mouvement de la fable par de nombreux développemens, Alfieri supprime, au contraire, tout ce qui n'est pas absolument indispensable à la marche de son action. Chez lui, comme chez eux, l'intrigue n'est presque rien; mais chez les Grecs la pauvreté des incidens est rachetée par la richesse des détails; chez Alfieri, si la carrière est directe, elle est en même temps quelque peu aride, et j'aime mieux, quant à moi, les détours où se plaisait l'imagination des Grecs. Ses pièces, et surtout les scènes, sont généralement bien conduites, mais elles offrent quelque monotonie; son dialogue est pressé, rapide, énergique, mais il vise à l'effet, et n'a pas comme dans les drames antiques, ce mouvement involontaire et facile, cet abandon négligé, qui ressemblent à la nature. Enfin, quoiqu'il soutienne avec fidélité ses caractères, on y sent l'arbitraire de la composition; ils manquent de vie et de réalité, et sont trop souvent les représentans des sentimens de l'auteur. »

L'*hôtel-de-ville* (Pl. 281), terminé en 1663, sur les dessins de Lanfranchi, est peut-être un peu surchargé d'ornemens, et paraît singulier par le romanesque des têtes de taureaux qu'on y a prodiguées; mais, malgré ces légers défauts, ce monument fait honneur à son architecte. L'intérieur répond à la décoration du dehors : si les antiquaires regrettent qu'on ait fait disparaître les peintures de Jean Miele, et les inscriptions qui décoraient autrefois ce qu'on nomme *le salon*, les amis des arts se consolent de les voir remplacées par des monumens dont la postérité s'énorgueillira.

Tandis que je visitais attentivement cet édifice, une église voisine vint à sonner l'heure. La plupart des horloges de Turin sonnent deux fois de suite la même heure, et quelques-unes même (celle de Saint-Philippe, par exemple), répètent à chaque quart d'heure l'indication de l'heure dont elles indiquent les fractions. Cet avis perpétuel et bruyant du passage du temps cause une sorte d'impatience et même de tristesse. La vie semble poussée, morcelée, brisée, et suivant le mot que Montaigne appliquait à Miremberg, de pareilles horloges, au lieu d'être des indicateurs du temps, deviennent comme des tocsins de la vie.

Si Turin a plus d'un point de contact avec nous, cette ville a aussi la gloire de rivaliser de plus d'une manière avec Milan. Même luxe d'architecture (Mi-

Aosta.

lan contient, il est vrai, des édifices plus gothiques et plus originaux) ; même quantité de belles promenades, de sites romantiques, de villa pompeuses ; même esprit social et politique ; mêmes succès dans les sciences ; même goût pour les arts et les plaisirs. Mais quelle disproportion entre l'industrie de Turin et celle de Milan ! Les rues de Turin sont belles, mais désertes pour la plupart ; le monde afflue dans celles de Milan. Si la population de la capitale de la Lombardie est double de celle de Turin, cette dernière ville occuperait à peine la moitié du sol de Milan. En un mot, Turin est une belle statue, à laquelle il manque la vie ; Milan est la vie même.

AOSTE, ARONA, SIMPLON.

En nous éloignant de Turin par le pont élevé sur la Doire, nous nous engageons dans de fertiles campagnes où nous voyons dominer surtout les plantations de mûriers. La soie du Piémont, on le sait, est la plus belle de l'Italie.

Bientôt nous atteignons Foglizzo, petit bourg sans importance, puis nous passons la Doire-Baltée sur un pont romain d'une seule arche. Ce pont, jeté sur des rocs escarpés, le château qui l'avoisine et qui est formé de quatre tours élevées, réunies par une haute muraille de briques, la campagne pittoresque, au fond de laquelle les maisons éparses d'Ivrée sont jetées comme des points blancs, tout cela forme un ensemble poétique plus accessible au crayon qu'à la parole. La grande tour d'Ivrée me rappelle le rôle important que jouent les prisons dans l'histoire d'Italie. Outre les emprisonnemens politiques communs à tous les peuples et à tous les pays, jamais contrée n'eut autant d'illustres captifs : poètes, savans, historiens, artistes, pour peu qu'ils atteignissent à quelque célébrité, ont presque tous été enfermés. Il semble que la prison ait été un événement nécessaire dans la destinée de tout ce qui s'éleva en ce pays. Elle fut pour la gloire ce qu'était à Athènes l'ostracisme pour la popularité, ou ce qu'est à Constantinople le cordon envoyé par le sultan au sujet qui doit mourir.

Au delà de la petite ville d'Ivrée vient *Donas*, où l'on voit, taillé dans le roc, un chemin attribué à Annibal. On trouve ensuite *Saint-Martin*, puis *Bard* et *Châtillon*, qui, lors du passage de l'armée française par le grand Saint-Bernard, furent le théâtre des plus vives attaques de la part des Français, auxquels les Autrichiens opposèrent, mais en vain, une opiniâtre résistance. Après quelques heures de marche on aperçoit le sommet des maisons d'*Aoste*, au fond de la vallée du même nom (Pl. 282). Cette belle vallée, éloquemment décrite dans les divers ouvrages de M. Xavier de Maistre, et qui conserve les traits principaux de la nature alpine, tels que les torrens, les forêts, les rochers, les cascades, les abîmes, au fond desquels gronde la Doire, offre encore à chaque pas des traces redoutables des deux premiers peuples guerriers de l'histoire : les Romains et les Français.

La ville d'Aoste est l'ancienne Augusta Salassiorum, ou Augusta Prœtoria. Une colonie de trois mille soldats envoyés par Auguste la fit nommer ainsi. Aujourd'hui elle n'a d'autre avantage que sa position, favorable au commerce, à cause de plusieurs vallées qui y aboutissent, et dont elle est le centre et la capitale. Au milieu de la place publique, une colonne de pierre, surmontée d'une croix, a été élevée en souvenir de la fuite de Calvin de la cité d'Aoste, à son retour d'Italie. Ne dirait-on pas, à la vue de cette étrange colonne, qu'il s'agit de la dispersion de quelque puissant vainqueur, au lieu de la retraite précipitée d'un homme errant, qui n'avait pour armes que des doctrines, devenues depuis si populaires ?

A l'extrémité de la ville, du côté de la route qui mène au Saint-Bernard, la vue de l'amphithéâtre donne une idée de la cité d'Aoste au temps des Romains. Ce monument, de la grandeur des maîtres du monde, ne présente que des ruines; mais elles sont imposantes, et l'arc de triomphe d'Auguste, assez bien conservé (Pl. 283), atteste la prospérité de la ville avant la chute de l'empire. La population de Crétins et d'Albinos, qui habite la vallée d'Aoste, contraste singulièrement avec la beauté du site et la grandeur des antiquités romaines que l'on y trouve. En sortant d'Aoste, patrie de saint Anselme, archevêque de Cantorbéry, nous inclinons un peu vers l'ouest où le saint Bernard déploie toutes ses magnificences, pour aller visiter une petite ville charmante, assise le plus pittoresquement du monde sur les bords d'un fleuve, et protégée de tous côtés par de hautes montagnes. C'est Villeneuve-d'Aoste (Pl. 283), que sa position hors de la route vulgaire, empêche d'être généralement visité par les voyageurs,

quoique ses châteaux qui dominent les hauteurs, et ses points de vue déjà semblables à la nature suisse, soient bien dignes de leur admiration.

Laissons derrière nous la route du Saint-Bernard, mille fois parcourue, mille fois décrite, et dans laquelle retentissent encore les cris des conquérans français, et, au travers de la belle vallée d'Aoste, dirigeons-nous vers le lac Majeur. Entre ces deux points la route est directe. Parfois nous nous en écarterons de quelques pas pour admirer un beau site, ou pour contempler plus à notre aise les pitons élevés du mont Rosa ou du Saint-Bernard. Parfois encore, excités par l'aspect intéressant de certains châteaux, nous prendrons nos crayons pour esquisser à l'ombre d'un arbre la façade ou le donjon antique d'un monument peu connu. Tels sont, par exemple, les *châteaux de Verres et d'Emaville* (Pl. 284), qui remontent à des temps anciens, et dont la forme et les détails sont tout-à-fait en harmonie avec le ciel du pays.

En voyant des paysans couper des joncs qui nous semblaient de loin des épis de blés, et faire fuir devant eux des oiseaux de toute espèce, nous nous sommes rappelé la charmante description de M. de Châteaubriand. « Les marais, tout nuisibles qu'ils semblent, ont cependant de grandes utilités ; leur limon et les cendres de leurs herbes fournissent des engrais aux laboureurs ; leurs roseaux donnent le feu et le toit à de pauvres familles, frêle couverture, en harmonie avec la vie de l'homme et qui ne dure pas plus que nos jours !.... En automne, ces marais sont plantés de joncs desséchés, qui donnent à la stérilité même l'air des plus opulentes moissons ; le vent glissant sur ces roseaux, incline tour à

Arco romano.   *Aosta.*   *Arc romain.*

Villanova d'Aosta.

Verres.

Canalmeau del. *Audot edit.* *Leroge Chalher sc.*

Emaville.

Arona.   Statua di S. Carlo Borromeo.

tour leur cime; l'une s'abaisse, tandis que l'autre se relève; puis soudain toute la forêt venant à se courber à la fois, on découvre, ou le butor doré, ou le héron blanc, qui se tient immobile sur une longue patte comme un pieu ».

Le pays change ensuite; de beaux pâturages remplacent les marais; des vignes soutenues par de petits murs, s'élèvent en terrasses, les unes au-dessus des autres, et tapissent le bas des montagnes tournées ves le midi; sur celles opposées au nord, des champs se mêlent à la verdure des bois et des prairies.

Mais la nuit approche, et nous surprend encore occupés à nos intéressantes explorations. Heureusement le faîte des édifices de la ville d'*Arona* se dessine dans le lointain, et nous aurons atteint les portes de la ville avant que la nuit soit close. A demain notre visite à la patrie de Charles Borromée.

La ville a disparu sous le poids de la réputation du saint qu'elle a vu naître. Les voyageurs n'ont de curiosité que pour la colline, d'où la statue de saint Charles est visible à une distance de plusieurs milles, et négligent honteusement les belles peintures de l'église de la ville. Ces tableaux sont l'ouvrage de Gaudenzio Vinci, excellent artiste, que son redoutable homonyme, Léonard, a fait à peu près oublier. Au reste, il faut convenir qu'à l'exception peut-être de ces peintures, Arona n'offre rien de curieux à voir. Il faut donc imiter le commun des touristes, et aller visiter aussi la statue du saint. En habiles cicérone, nous devrions ici faire l'histoire de ce pieux archevêque; mais, pour peu que le lecteur ait lu ce que nous avons écrit sur Milan, nous lui rappellerons que nous avons esquissé dans cette ville la biographie de saint Charles Borromée.

P.

Nous voici parvenus à la colline d'Arona, et en face de l'énorme statue qu'elle supporte (Pl. 285).

La tête, les pieds et les mains sont en fonte; tout le reste est forgé; l'expression de la physionomie est douce et mélancolique, l'attitude simple et belle, et les proportions si justes, que l'on ne s'aperçoit des dimensions gigantesques de cette figure qu'en la comparant à d'autres objets, aux curieux, par exemple, qui s'en approchent, et dont la petitesse forme le plus singulier contraste avec elle. Au moyen d'un massif en maçonnerie qui occupe l'intérieur de la statue, on monte sans grande difficulté jusque dans la tête, où l'on peut se donner le plaisir d'ouïr par les oreilles du saint, de respirer par ses narines, et de voir à travers la prunelle de ses yeux comme si c'était une fenêtre.

Les environs du lac Majeur, au bord duquel Arona est située, présentent de rians tableaux. Les montagnes qui dominent le lac n'offrent point ces formes rudes, ces déchiremens que l'on contemple au sein des Alpes. Ici, le châtaignier, le pâle olivier, la vigne qui s'arrondit en berceaux, couvrent les collines, et les embellissent par le contraste de différentes teintes de verdure: plusieurs petites villes, une foule de villages éclatans de blancheur, des édifices remarquables par la légèreté de leurs toits, l'élégance et la variété de leur construction, décorent les bords du lac. A celui qui les parcourt au travers des montagnes, le commencement de chaque journée offre un spectacle enchanteur. Peu à peu les objets prennent des formes et des couleurs; les nuages grisâtres qui flottaient dans les cieux se colorent d'une teinte brillante, et font ressortir la blancheur des glaciers, tandis que quelques rayons lancés comme des flèches dans les gorges des montagnes éclairent un village, un bois et laissent tous les environs au milieu de ténèbres épaisses.

Le lac Majeur, qui reçoit dans ses abîmes une grande quantité de rivières, est formé de deux branches. C'est au centre de la branche septentrionale, du côté du Simplon, que sont situées les *îles Borromées*. Que n'ai-je le pinceau de l'Arioste ou du Tasse pour décrire dignement ces îles délicieuses qui réalisent les poétiques tableaux de deux grands génies de la terre classique?

Les îles Borromées, qui sont au nombre de trois, l'*isola Bella*, l'*isola Madre*, et l'*isola dei Pescatori*, n'étaient que des rochers nus et stériles, lorsqu'en 1691, le prince Vitallien Borromée, de Milan, les fit couvrir de terre, et à force de travaux et de soins leur donna l'aspect charmant qu'elles ont aujourd'hui. A une portée de fusil de la route on trouve l'isola Bella (Pl. 286), semblable à une île enchantée. Palais merveilleux, magnifiques jardins, arbres odoriférans, fontaines cristallines, statues, bosquets, fleurs choisies, elle a su tout réunir. En parcourant cette île d'Armide, on ne trouve rien de comparable à la variété des sites et au mélange des arbres et des terrasses voûtées, qui s'élèvent les unes au-dessus des autres, et diminuent à mesure, en formant une sorte de pyramide du côté du midi. Du haut de ces terrasses embaumées, on jouit d'un fort beau coup d'œil. On découvre au midi Laveno, à l'est les collines de Varrèse et le commencement des plaines de la Lombardie, à l'ouest l'île des Pêcheurs, et au nord les sommités glacées du mont Rosa, le Simplon, et quelques pointes du Saint-Gothard.

A côté du palais de l'isola Bella, que la famille Borromée habite dans la belle saison, est un petit village composé de maisons de pêcheurs. Dans le voisinage,

l'île dei Pescatori, par la simplicité de ses demeures, semble là tout exprès pour relever la magnificence de l'isola Bella. A une demi-lieue de cette dernière île, vers le nord-est, l'Isola Madre (Pl. 287) présente sept terrasses, au sommet desquelles s'élève un palais. Le climat est encore plus doux que dans l'isola Bella. D'épais bocages, plantés de lauriers et d'orangers, de superbes cyprès, des citronniers, des cédrats, des myrthes, des rosiers et mille autres espèces d'arbres odoriférans, donnent à cette île des richesses au moins égales à celles de l'isola Bella.

Qu'on juge par cette courte description de la beauté des îles Borromées ! Qu'on se fasse, s'il se peut, une idée de cette pompe, de cette fertilité luxuriante, déployées par la nature dans ces lieux favorisés, et si quelques imaginations rebelles restent encore trop au-dessous de la vérité, nous leur dirons : tel est le charme prestigieux de ces îles, que Rousseau ne connaissait pas sur la terre d'autre asile plus digne de posséder Julie!

De Baveno, ville située sur le bord septentrional du lac Majeur, un trajet de six lieues, au milieu d'une plaine agréable et fertile, nous conduit à *Domo-d'Ossola* (288). Cette petite ville est peuplée et commerçante, et possède quelques anciens couvens. Celui qui appartenait aux jésuites est de marbre noir et blanc. Les maisons sont ornées de peintures à l'extérieur, usage qui, depuis assez long-temps, a cessé d'être pratiqué par les artistes. Autour de la ville s'étend la belle vallée du Domo.

Du sommet d'une colline, *le Calvaire*, qui s'élève à quelque distance de Domo-d'Ossola, contemplons, tandis que nous le pouvons encore, cette terre italienne qui nous sourit, nous pré-

Isola Madre.

Penn-Rvoid.

Strada del Sempione,
Veduta presso di Gondo.

Passage du Simplon.
Vue près de Gondo.

Lory del

dudoi edit

France Lhuillier sc

Strada del Sempione. Ponte di Crevola.

Route du Simplon. Pont de Crevola.

sente ses riches moissons, et ses festons de vigne suspendus autour des arbres, pour former comme des vases antiques garnis de pampres rougissans. Voici qu'il nous faut traverser le pont de Crevola, et nous engager dans les longues et humides galeries du Simplon, où nous cherchons en vain le soleil d'Italie. En face de nous, hélas! voici le Valais!

Et cependant cette belle route, due au génie de Napoléon, ne sera jamais assez vantée. A la vue des rochers mutilés, renversés par les poudres, et de la brèche audacieuse faite par la main du conquérant à cette haute fortification, dont la nature avait défendu l'Italie, on oublie combien les conquêtes de Bonaparte ont été onéreuses à ses contemporains, pour ne songer qu'aux bienfaits dont la postérité recueille déjà l'héritage.

D'aussi grands ouvrages ont toujours droit de nous étonner; mais ne doivent-ils pas surtout exciter notre admiration dans les montagnes, dans ces lieux où l'habitation de l'homme est si précaire, si dangereuse? Des avalanches de neige, des débris de rochers viennent souvent couvrir ses travaux, quelquefois l'ensevelir lui-même, et lui montrer, par de terribles catastrophes, que ce sol qu'il veut s'approprier se refuse à son empire. L'hiver enfin lui reprend ce qu'il croit avoir gagné sur les neiges et les frimas, et le chasse dans les vallées les plus basses; aussi n'habite-t-il point ces lieux comme un propriétaire, mais comme un usufruitier, qui d'un moment à l'autre peut être dépouillé de sa possession. Il n'y élève que de simples cabanes; de faibles barrières entourent ses champs; le plus souvent il se contente de parcourir la montagne avec ses troupeaux, et campe plutôt qu'il n'habite dans les lieux qu'il abandonnera au premier signal.

C'est à côté de ces faibles ouvrages, qu'un instant peut détruire, que l'on a construit une route capable de résister à la fureur des orages et à la durée des temps; elle semble se jouer des obstacles; elle traverse les montagnes, comble les précipices, se replie sur elle-même en mille détours prodigieux, et conduit avec bonheur au terme de sa route le voyageur étonné de la puissance que l'homme a su prendre sur la nature.

Le pont de Crevola (Pl. 289), jeté d'une montagne à l'autre, et fermant la vallée du Domo, est le premier des travaux du Simplon. Bientôt on aperçoit un énorme rocher qui s'avance jusque dans le lit du torrent de la Doveria; une galerie traverse ce rocher en ligne droite. On monte ensuite le long de la Doveria, et au milieu de rochers nus et escarpés, jusqu'à la gracieuse contrée de Dovedro. Les montagnes écartées à l'ouest forment un amphithéâtre couvert de hameaux, de vignes, de châtaigniers, et offrent un mélange délicieux de belles verdures et de jolies habitations. Mais bientôt la scène change. D'énormes rochers s'élèvent à pic, et leurs sommets, minés par les eaux, suspendus sur la tête du voyageur, menacent de l'écraser. Leurs débris, épars çà et là, annoncent le danger qu'il y a de passer si près de leur base. Pour obvier autant que possible à ce péril, on a établi sur les bords de la route un massif de murailles, non moins remarquable par sa solidité que par son étendue.

Une nouvelle galerie est percée dans un rocher, dont la partie saillante repose sur une colonne. La couleur rembrunie de cette masse gigantesque contraste si bien avec l'azur des cieux, avec la blancheur argentine des cascades qui se précipitent de la montagne, et avec la fraîche verdure des collines environnantes, qu'on ne peut se lasser de contempler les effets magiques de cette perspective. Viennent ensuite, et le hameau d'Yssel, autour duquel s'étendent quelques prairies parsemées d'arbres fruitiers, et le village de Gondo, où l'on trouve une auberge lugubre, qui sert d'asile aux voyageurs surpris par la tourmente. A mesure qu'on avance, les rochers prennent des formes de plus en plus gigantesques. Enfin, après une assez rude montée, on parvient aux solitudes de Gondo (Pl. 289). Du haut d'une montagne élevée, les eaux du Frasinone se précipitent dans un abîme effrayant, sur lequel on a jeté un pont d'une construction singulièrement hardie. D'immenses rochers s'élèvent à pic des deux côtés du gouffre; c'est dans l'un de ces rochers que la mine et le ciseau ont creusé la belle galerie de Gondo (Pl. 290-291), éclairée intérieurement par deux larges ouvertures latérales. A l'une des ouvertures de la galerie on lit cette courte inscription : *Ære italo*, 1805. *Nap. imp.*

Avant d'entrer dans le souterrain de Gondo, admirons les horreurs sublimes du tableau qui s'offre à nos regards. De tous côtés les rochers sont à pic et d'une hauteur incommensurable. A droite, la cascade bouillonne et tombe avec un épouvantable fracas, tandis qu'en face de lui, l'œil étonné sonde la profondeur de la galerie qu'on redoute de voir s'écrouler. A gauche est une longue rangée de rochers perpendiculaires, dont la cime égarée dans les nues menace également d'écraser le voyageur. Au fond du précipice, où la vue n'ose descendre, on entend mugir la colère du torrent. De quelque côté que se portent les regards ils ne voient que rochers arides, dont les cimes perdues aux cieux sont couvertes de neiges. La solitude est affreuse ; le soleil n'y brille jamais : c'est une région de tristesse et de deuil, un épouvantable désert, où la nature expire, où la mort seule est vivante.

A peine est-on sorti de la galerie de Gondo, qu'on voit la route, creusée en corniche dans le granit, rester suspendue sur un abîme, au fond duquel la Doveria mugit avec fureur : on a jeté sur ce gouffre un pont aussi élégant que solide. Les belles horreurs se continuent long-temps encore le long de cette incroyable route. Après le Gondo, il faut traverser la galerie d'Algaby, longue de 220 pieds, l'une des plus grandes, et des plus belles du Simplon. Au sortir de cette gorge, un chemin sinueux et paré de bouquets de mélèzes disséminés dans les environs, monte jusqu'au village du Simplon, où le froid est excessif. Ce village, qui d'après sa position semble voué à une misère affreuse, jouit néanmoins d'une certaine aisance, que l'étranger qui ne fait que passer, ne lui soupçonne pas.

La route traverse successivement deux torrens qui descendent des glaciers du Rosboden, puis elle gravit encore la montagne, et laisse à sa gauche l'ancien hospice, où les voyageurs qui ont éprouvé quelqu'accident trouvent secours et protection. Enfin, on aperçoit le plateau ou col du Simplon, environné de toutes parts de rochers, et dont aucun arbre ne voile la nudité. Un bel hospice, terminé depuis peu, est, comme son aîné, destiné à secourir tous les malheureux que le caprice ou les événemens amènent dans cette froide région.

Du côté de l'Italie le plateau du Simplon offre un coup d'œil borné, à cause de la présence des montagnes ; mais vers la Suisse, ce coup d'œil est fort beau. On suit du regard le cours sinueux du torrent de la Saltine jusqu'au fond de la vallée. Le flanc de la montagne est garni de forêts, de pâturages et de châlets : le clair feuillage des mélèzes contraste avec la verdure des pelouses. Ces montagnes, en s'élevant à gauche et à droite, terminent leurs sommités par des rochers arides et des glaciers, citoyens des nuages. Que de sensations diverses fait éprouver ce spectacle inouï de la nature sauvage et de la nature cultivée, des frais gazons au pied des glaces victorieuses du soleil, et dont l'azur se marie à l'azur des cieux !

Bientôt nous parvenons à une hauteur à laquelle les arbres diminuent, languissent, et cessent enfin de végéter. Ils sont remplacés par le rhododendron qui brave les froids les plus vifs, et se trouve sur les rochers escarpés, à côté des glaces ; son bois entretient le feu des châlets éloignés des forêts, et ses fleurs, appelées roses des Alpes, semées avec abondance sur les flancs des montagnes, forment une immense draperie du rose le plus vif, qui contraste avec l'aspect monotone des glaciers et des rochers stériles. Les Hautes-Alpes sont remarquables par la beauté des gazons qui les tapissent. Les gentianes bleues, les saxifrages, le carnilliet moussier à fleurs roses, s'élèvent sur les montagnes à mesure que les glaces se fondent, semblent reculer et suivre les frimas jusque sur leurs sommités, communiquent leurs parfums au lait des troupeaux qui s'en nourrissent, et forment un tissu qui, brillant encore des teintes les plus vives, disparaît sous les neiges de l'automne.

Le col du Simplon est élevé de deux mille cinq mètres au-dessus du niveau de la mer.

P

En quittant ce point élevé, on passe encore deux galeries, percées à côté de superbes glaciers, qui forment des cascades de l'effet le plus imposant. On trouve ensuite le joli châlet de Berenzaal, qui appartenait au baron de Stockalper, il y a une dizaine d'années. On raconte qu'un des ancêtres de ce seigneur, ayant fait construire des bâtimens sur différentes collines, éveilla les soupçons de ses compatriotes, fort jaloux de leur indépendance ; ceux-ci le condamnèrent à perdre une partie de ses biens : le baron de Stockalper eut recours à l'adresse ; il fit enfouir des sommes au-dessous de l'autel sur lequel on lui avait ordonné de déposer sa fortune, et jura que tout ce qu'il possédait était sous la main qu'il élevait sur l'autel. Je ne sais s'il faut accorder une croyance entière à ce fait qu'on m'a raconté, mais on peut le présumer vrai, d'après une coutume autrefois en usage dans le Valais. Lorsqu'un particulier devenait trop puissant, on exposait aux regards du peuple une masse de bois, où tous ceux qui voulaient se liguer contre celui qui inspirait des craintes venaient enfoncer un clou. La forme de cette masse fut changée dans la suite ; on lui donna celle de la figure humaine, et on en ornait la tête de plumes de coq. Les citoyens qui avaient à cœur de soutenir les droits de leur patrie, portaient cette espèce de statue dans un lieu public, ils l'entouraient en lui faisant des questions, et nommaient quelqu'un pour être l'organe de sa volonté. Lorsqu'elle était connue, le plus éloquent de la troupe exhortait le peuple à conserver ses anciennes coutumes, et à défendre la liberté publique. On fixait le jour de l'exécution, et si le malheureux contre lequel l'orage se préparait n'avait soin d'apaiser la fureur du peuple, ou ne se mettait en état de résistance ouverte, il était obligé de fuir, et de laisser tous ses biens à la merci de ses ennemis fanatiques.

Le premier usage que l'on fit de *la masse* fut contre la famille *de Rarogne*, qui s'était arrogé une toute-puissance insolente sur le peuple qu'elle opprimait.

Dans le voisinage du châlet de Berenzaal, les curieux examinent avec attention les cabanes que le général Béthencourt fit construire pour sa troupe dans l'année 1800, lorsqu'il passa le Simplon, en même temps que le premier consul franchissait le grand Saint-Bernard.

Voici comment on raconte cette histoire. Il s'agissait de traverser le Simplon et d'occuper le pas d'Yxelle. Des chutes de neige et de rochers avaient emporté un pont; le chemin se trouvait interrompu par un abîme de soixante pieds de largeur. Un volontaire s'offrit intrépidement pour essayer de faciliter le passage. Il entra dans les trous de la paroi latérale qui servaient auparavant à recevoir les poutres du pont, et, en s'aidant de ces ouvertures, dont la partie inférieure était assez rapprochée, il arriva heureusement sur l'autre bord du précipice. Une corde qu'il avait apportée fut fixée des deux côtés du rocher. Le général Béthencourt passa le second, en se suspendant à la corde tendue au-dessus de l'abîme. Les mille soldats le suivirent, chargés de leurs armes et de leurs hâvre-sacs.

Cinq chiens suivaient le bataillon. Ces pauvres animaux se précipitèrent tous à la fois dans l'abîme. Deux seulement eurent la force de lutter contre le torrent, et d'atteindre le haut du précipice, où ils arrivèrent tout sanglans aux pieds de leurs maîtres.

A peu de distance de ce lieu, la route va chercher dans le fond d'une vallée le beau pont de Ganther, établi sur la jonction de deux torrens, et dont l'architecture élégante est d'un effet charmant au milieu des bois qui l'environnent (Pl. 290). Une pente insensible conduit le voyageur jusqu'au pont de la Saltine, où il arrive enfin après avoir remarqué à droite et à gauche de la route une foule de petits oratoires où les habitans vont en pèlerinage.

De distance en distance, tout le long de la route, et à proximité des points les plus dangereux dans la mauvaise saison, on a bâti des maisons de cantonniers servant de refuge aux voyageurs. Dans la partie française, elles peuvent contenir de huit à dix chevaux et de trente à quarante hommes : elles sont beaucoup plus vastes dans la partie qui regarde l'Italie.

Le pont couvert de la Saltine est le dernier ouvrage remarquable que l'on trouve avant d'arriver à Gliss, village peu éloigné de la cité de Brieg. Tout ce trajet demande environ douze heures de traversée, et pendant ce temps on a dû franchir vingt-deux ponts et sept galeries ou voûtes percées dans l'intérieur des rochers.

Telle est la route du Simplon, que Napoléon fit ouvrir en 1801 (20 fructidor an VIII), sur une ligne de plus de vingt lieues. Le général Thureau fut nommé commissaire spécial de cette opération que l'hiver si rigoureux dans ces contrées, ne put empêcher. On employa jusqu'à trois mille ouvriers par jour; et cent soixante mille quintaux de poudre (seize millions de livres pesant) suffirent à peine pour miner les rochers. Cinq ans après, la route fut terminée aux frais de l'Italie et de la France, et les chevaux, les voitures mêmes les plus chargées, purent la parcourir sans accident mal-

Sempione. Ingresso della gran Galleria, detta di Gondo.   Simplon. Entrée de la grande Galerie dite de Gondo.

Sempione. Galleria e Ponte di Ganther.   Simplon. Galerie et Pont de Ganther.

Lory del.   Audot edit   Lemoine Deallier s.

Sempione. Galleria di Gondo.   Simplon. Galerie de Gondo.

gré les avalanches du printemps, les profonds abîmes qui bordent le chemin, les rochers énormes qui s'élèvent à pic, et les torrens qui se précipitent de toutes parts avec un fracas assourdissant. Honneur aux ingénieurs français et italiens qui surent si bien remplir les intentions du grand empereur! Si les puissans de la terre ne concevaient jamais que de semblables projets, il faudrait partout se prosterner sur leurs pas!

GLISS.—LANGUE ET MUSIQUE ITALIENNES.—FIN DU VOYAGE.

Au sortir du Simplon, nous nous arrêtâmes quelques jours à Gliss ou Glyss, petit village du Valais. Le curé du lieu nous accueillit avec la plus aimable hospitalité. De ses fenêtres nous pouvions apercevoir l'église qu'il desservait. Ce monument, qui est fort orné, fut jadis enrichi par un seigneur nommé Georges de Supersax. Le pasteur nous dit qu'on voyait, il y a déjà un assez grand nombre d'années, une peinture représentant le seigneur de Supersax, avec son épouse, ses douze fils et ses onze filles. L'inscription qui accompagnait le tableau était vraiment d'une simplicité remarquable :

« En l'honneur de sainte Anne, George de Supersax, chevalier, a fondé cette chapelle en 1516; a élevé un autel et l'a enrichi; en reconnaissance des vingt-trois enfans que son épouse Marguerite lui a donnés. »

Pendant mon séjour à Gliss, je m'avisai de communiquer au pasteur les notes que j'avais recueillies pendant nos longues excursions. Après m'avoir donné quelqu'avis sur différens sujets, il s'écria tout à coup : « Je vois bien dans tout cela, me dit-il, de quoi faire un livre sur les monumens et les sites, sur les habitans et sur les mœurs des diverses contrées de l'Italie, mais je ne trouve aucun document propre à instruire vos lecteurs futurs, sur la question de la langue et de la musique italienne ! Ce sont là, cependant, des matières intéressantes s'il en fut jamais.—Sans doute, répondis-je, mais on les a tant de fois résolues ! que dire de nouveau? Laissez, croyez-moi, les amateurs de la langue italienne consulter les ouvrages des philologues; quant à la musique, n'avons nous pas la salle Favart, dont les mélodies valent mieux, après tout, que les plus savantes dissertations sur la musique des descendans de Pergolèse, de Cimarosa?—Plaisanter n'est pas raisonner, reprit gravement le vénérable pasteur, que ce mot de théâtre semblait choquer. Il y a du nouveau à dire sur ces deux questions, ne fût-ce qu'en résumant d'une manière claire, méthodique et rationnelle les travaux de nos prédécesseurs. Tenez, dit-il, en tirant d'une armoire un assez volumineux manuscrit, voici le fruit de mes observations. Sans être un grand philologue ni un musicien habile, j'ai cependant écrit sur la langue et sur la musique italiennes. J'ai lu et relu une bonne partie des auteurs, tant anciens que modernes, qui ont traité ces matières. J'ai comparé, analysé, commenté. A votre tour, si toutefois vous avez assez de temps et de complaisance pour le faire ; veuillez soumettre à votre analyse le fruit d'études consciencieuses, et si vous pouvez en tirer quelque parti, je vous livre avec grand plaisir un travail qui, sans vous, courrait le risque de mourir aussi obscur que moi. » Je remerciai bien vivement le curé. Je m'emparai de son manuscrit, où je recueillis d'excellentes choses. Contre ma première opinion, il me donna effectivement l'idée d'ajouter à la relation de mon voyage quelques aperçus sur la langue et sur la musique italiennes. Si donc on trouve dans le travail suivant (que nous avons divisé par paragraphes, pour plus de clarté), quelques vues nouvelles, et une réunion de documens complets, le lecteur sait d'avance à qui il doit rendre hommage de ce mérite.

———————

DE LA LANGUE ITALIENNE.

§ I. Son origine.

———————

Deux cents ans ne se sont pas encore écoulés depuis que les savans de l'Europe, dédaignant leur siècle et leur langue, ne s'occupaient que de l'antiquité dont ils empruntaient le langage, comme le seul qui fût digne et même capable de répandre et leur ouvrage et leur réputation. On sentit enfin combien il était contraire à la dignité de l'esprit humain de subordonner l'objet aux moyens, et la pensée à la mémoire. On dut être surtout frappé de l'impossibilité qu'il y a de faire passer son âme, sa physionomie, dans la langue d'un peuple dont les mœurs n'existent plus.

On mit à pénétrer et à étendre les ressources de sa propre langue, la

meilleure partie du temps qu'on employait à l'étude des anciennes. Les hommes de génie auxquels il est donné de renverser et d'établir, osèrent faire parler, dans tous les genres, leur langue naturelle, et les sciences, les lettres et les arts, dont les seuls alphabets de la Grèce et de Rome, avaient été jusqu'alors dépositaires, se présentèrent sous toutes les formes des différens idiômes de l'Europe.

Dès lors le génie, l'esprit et le caractère des peuples, passèrent dans leurs écrits dont la connaissance devint ainsi l'objet le plus digne de l'attention des philosophes et des gens de lettres.

Il n'est pas douteux que la langue la plus propre à faire connaître ces ouvrages ne soit la langue française. Ce que la langue de Virgile et d'Horace obtint des conquêtes du peuple romain, qui, moins jaloux de subjuguer les hommes que de commander à l'esprit humain, mit ses lois dans le cœur, et son langage dans la bouche de toutes les nations de la terre ; la langue française semble l'avoir obtenu du consentement universel de l'Europe.

Ainsi, avant qu'Alexandre eût porté la langue grecque dans les vastes contrées que lui fit parcourir son ambition, on la vit se répandre dans plusieurs parties de l'Asie et de l'Europe, où les Grecs n'avaient jamais pénétré. Ainsi des princes barbares qui détestaient et les mœurs et la liberté de la Grèce, s'empressèrent d'apprendre son langage, et se plurent à le parler. Plut au ciel qu'en succédant au bonheur de vulgarité des langues grecque et latine, la nôtre eût les mêmes avantages et les mêmes ressources !

Il n'est pas possible de connaître la langue grecque et d'y réfléchir, sans partager l'enthousiasme avec lequel en ont parlé presque tous ceux qui l'ont approfondie. Elle ne fut pas l'ouvrage des dieux, sans doute; mais elle fut admirablement inspirée par eux, à coup sûr, aux hommes les plus heureusement organisés qui aient jamais existé. On dirait que la nature s'était offerte à eux sous ses aspects les plus riches, tant cette langue est l'image fidèle de l'action des objets sur les sens.

Des mots qui, par le mélange heureux de leurs élémens, forment ou plutôt deviennent des tableaux, qui s'étendent, se nuancent et se ramifient conformément à la nature; qui, de leur aptitude à s'unir avec une infinité d'autres mots, obtiennent le double avantage de rapprocher, de multiplier les idées, et de devenir en même temps plus majestueux, plus sonores; qui, par la transposition à laquelle ils se prêtent, tantôt procèdent, comme la raison tranquille, tantôt s'élancent, se troublent et se désordonnent comme les passions; des systèmes entiers renfermés, si j'ose m'exprimer ainsi, dans leur sein (voy. le Cratyle de Platon); des combinaisons variées d'où résulte une harmonie enchanteresse, mais dont la partie la plus sensible (les accens) a péri; une marche pleine de mouvemens inattendus; une multitude de formules qui, semblables à ces plantes spontanées qu'on voit embellir et vivifier les corps auxquels elles s'attachent, portent le mouvement et la grâce dans toutes les parties du discours; tels sont les caractères variés de cette langue qui, pour me servir d'une expression déjà heureusement employée, est aux sciences et aux arts ce que la lumière est aux couleurs.

La plupart de ces admirables propriétés se retrouvent dans la langue latine, qui dut aux Grecs la plus grande partie de ses mots et surtout l'art de les

ordonner. Rome envoyait le plus grand nombre de ses enfans à Athènes, et la bonne société, chez le peuple de Quirinus, affectait de parler en toute occasion la langue des Grecs.

Mais, en passant aux Latins, cette langue subit les altérations que dut nécessairement lui faire éprouver la différence du génie et du caractère des deux peuples. Les élémens furent transposés ou dénaturés, les inflexions devinrent plus dures et les terminaisons plus sourdes et plus traînantes. Il s'en faut beaucoup qu'on trouve dans la langue latine l'abondance, la hardiesse et la mélodie du langage des Grecs; mais ce qu'elle perdit du côté de l'agrément et de la fécondité, elle le gagna peut-être par la pompe et la magnificence de son style, où se réfléchissent encore l'éclat et la majesté de la république romaine.

Cette langue, après avoir atteint toute sa perfection sous Auguste, dégénéra insensiblement avec l'âme du peuple qui la parlait. La translation du siége du royaume dans le bas-empire, et l'irruption des barbares, en achevèrent la décadence. L'édifice de la langue tomba, et entraîna dans sa chute, et les sciences et les lettres, et les arts et les mœurs, et les lois dont elle était dépositaire. Forcés de recourir à ses ruines, les maîtres du monde y recueillirent un langage plus doux, plus gracieux peut-être, mais dont le manque d'énergie prouvait des hommes dégénérés par l'ignorance et la servitude.

C'est ici qu'il faut placer le berceau de la langue italienne : berceau douteux, perdu dans l'obscurité d'une époque éclipsée par la gloire des siècles précédens.

Si la question de l'origine de la langue italienne n'est pas douteuse quant aux racines grecques d'où elle est dérivée, cette question est rudement controversée quant à l'époque précise de l'apparition de cette langue sur l'horizon du monde civilisé.

« Depuis long-temps, dit M. Ginguené, la langue latine proprement dite n'existait plus dans l'Italie du onzième siècle, et cependant une autre langue n'y existait pas encore. Les étrangers qui remplissaient Rome sous ses derniers empereurs, les Goths et les Ostrogoths qui la conquirent, les Lombards, et après eux les Francs, les Allemands, les Hongrois, les Sarrasins, avaient successivement apporté tant d'altération dans le langage national, que ce n'était plus le même langage. On cherchait encore à l'écrire, on n'écrivait même pas autrement; mais, excepté dans les écoles, on ne le parlait plus, on ne l'y parlait pas, on ne l'écrivait pas savamment. C'était pourtant une langue savante ou plutôt une langue morte. Tous les auteurs antérieurs sont Latins, ou tâchèrent de l'être, et l'on peut dire que, du moins quant au langage, il n'y avait pas encore d'Italiens en Italie. »

Comment donc, et de quels élémens se forma cette belle langue, reconnue pour la première des langues modernes, et qui, maintenant fixée depuis cinq siècles par des écrivains demeurés classiques, a pour ainsi dire pris place parmi les anciennes? Occupons-nous de résoudre cet intéressant problème.

Soit qu'il n'y ait eu qu'une langue primitive, dont toutes les autres aient été des dérivations et des produits; soit qu'aux diverses peuplades humaines ait été inspirée une langue devenue particulière à cause des climats et des modifications des organes de l'ouïe et de la parole, et que, par des combinaisons multipliées, divers idiômes se

soient unis, confondus pour donner naissance, après de longs intervalles, à un idiôme spécial, devenu nécessaire lors de la formation d'un peuple nouveau; il est peu de sujets plus dignes de l'attention du philosophe que ces formations, séparations et réunions de langage qui marquent les principales époques de la formation, de la séparation et de la réunion des peuples. Ce n'était pas la première fois que l'Italie subissait une de ces grandes révolutions. L'idiôme latin, que la langue italienne faisait disparaître, avait été, dans une antiquité reculée, le produit d'une révolution pareille. Voici l'idée générale qu'en donne *Simon Peloutier dans son Histoire des Celtes.*

Lorsqu'à une époque prodigieusement éloignée, les anciens Celtes ou Celto-Scythes, dont la langue, si elle n'est pas primitive dans un sens absolu, l'est au moins relativement à presque toutes les langues connues, se furent répandus, d'une part dans l'Asie occidentale, et de l'autre en Europe, ils s'étendirent dans cette dernière partie, les uns au nord, les autres le long du Danube. La postérité de ceux-ci, remontant ce fleuve, arriva ensuite aux bords du Rhin, le franchit, et remplit de ses populations nombreuses tout l'intervalle qui s'étend des Alpes aux Pyrénées et aux deux mers : partout la langue des Celtes, se mêlant avec les idiômes indigènes, forma des combinaisons où elle domina sensiblement; et même dans des cantons qu'ils avaient trouvés déserts, ou dont ils avaient fait disparaître les habitans, le celtique se conserva dans sa pureté originelle.

Quelques siècles après, la population, toujours croissante de ces Celtes ou Gaulois, les força de passer et les **Pyrénées et les Alpes. En Italie, après** avoir occupé d'abord tout ce qui est au pied des montagnes, ils s'étendirent de proche en proche dans l'Insubrie, dans l'Ombrie, dans le pays des Sabins, des Étrusques, des Osques, etc. Dans ce même temps, des Grecs abordaient à l'extrémité orientale de l'Italie; ils y formaient des colonies et des établissemens. Ils quittèrent bientôt les bords de la mer, et, s'avançant toujours, ils rencontrèrent enfin les Celtes, qui, de leur côté, continuaient aussi de s'avancer.

Après quelques guerres, car tel a toujours été l'abord de deux peuples qui se rencontrent, ils se réunirent dans l'ancien Latium, et n'y formèrent plus qu'une société qui prit le nom de peuple latin. Les langues des deux nations se mêlèrent, et se combinèrent avec celle des habitans primitifs. N'oublions pas de remarquer que, dans cet amalgame, le celtique avait un grand avantage. Le grec, qui n'était pas encore à beaucoup près la langue d'Homère et de Platon, devait, de son côté, la naissance à un mélange de marchands phéniciens, d'aventuriers de Phrygie, de Macédoine, d'Illyrie, et de ces anciens Celto-Scythes, qui, tandis que leurs compatriotes se précipitaient en Europe, s'étaient jetés sur l'Asie occidentale, d'où ils étaient ensuite descendus jusqu'au pays qui fut la Grèce; il y avait donc déjà du celtique altéré dans ce grec qui se combinait de nouveau avec le celtique.

De cette combinaison multiple naquit la langue latine, qui, grossière dans l'origine, mais polie et perfectionnée par le temps, devint enfin la langue de Térence, de Cicéron, de Virgile et d'Horace; et c'est cette même langue latine, qui, après un si beau règne terminé par un long et triste déclin, venait s'amalgamer encore une

fois avec le celtique, source commune des dialectes barbares des Goths, des Lombards, des Francs et des Germains, pour devenir peu de temps après la langue du Dante, de Pétrarque et de Boccace.

« Les invasions, a dit ingénieusement le président *De Brosses*, sont le fléau des idiômes comme celui des peuples, mais pas tout-à-fait dans le même ordre. Le peuple le plus fort prend toujours l'empire. La langue la plus forte le prend aussi, et souvent celle du vaincu soumet celle du conquérant. La première espèce de conquête se décide par la force du corps, la seconde par celle de l'esprit. Quand les Romains conquirent les Gaules, le celtique était barbare; il fut soumis par le latin. Lorsqu'ensuite les Francs y firent leur invasion, le francisque des vainqueurs était barbare; il fut encore subjugué par le latin. Cette collision des langues étouffe la plus faible et blesse la plus forte : cependant, celle qui n'avait guère acquiert beaucoup; c'est pour elle un accroissement; et celle qui était bien faite se déforme; c'est pour elle un déclin : ou bien le choc se fait au profit d'un tiers langage qui résulte de cet accouplement, et qui tient de l'un et de l'autre en proportion de ce que chacun des deux a contribué à sa génération. »

Dans cette ingénieuse explication, on voit que le dernier cas est exactement celui de la langue italienne sortant du choc ou de la collision de deux ou plusieurs langues, les unes encore barbares, l'autre affaiblie par une longue décadence.

Leonardo Bruni d'Arezzo, le plus ancien auteur qui ait écrit en italien sur ces matières, entreprit de prouver que l'italien était aussi ancien que le latin, qu'ils furent tous les deux en usage à Rome dans le même temps ; le premier parmi le peuple, et dans les entretiens familiers ; le second, pour les savans, dans leurs ouvrages, et pour les discours prononcés dans les assemblées publiques. Le cardinal Bembo soutint depuis la même opinion dans ses dialogues, et d'autres encore l'ont adoptée après lui. Scipion Maffei, le même dont la Mérope a si heureusement inspiré le génie de Voltaire, mais qui est encore plus célèbre dans sa patrie comme érudit que comme poëte, en rejetant cette prétention, en a élevé une autre qui paraît beaucoup moins raisonnable. Il veut que la langue latine, noble, grammaticale et correcte, se soit corrompue d'elle-même, peu à peu, par ce mélange avec le le langage populaire, irrégulier, et par ces prononciations vicieuses, qui durent exister à Rome comme partout ailleurs. Chaque mot s'altérant de cette manière, et prenant des formes et des inflexions nouvelles, une nouvelle langue, selon lui, se forma ainsi avec le temps, sans que ces altérations aient été en rien le produit du commerce avec les barbares.

Les langues, comme on le voit, ont, aussi bien que les familles et les nations, leurs préjugés de naissance. Mais toutes ces idées romanesques disparaissent devant la raison, appuyée sur des faits.

Le savant Muratori a reconnu positivement la coopération immédiate des langues barbares dans la formation de la langue italienne. Selon lui, le latin, déjà corrompu depuis plusieurs siècles et par différentes causes, ne cessa point d'être la langue commune lors des irruptions successives des peuples du Nord. Les vainqueurs, toujours en moindre nombre que les vaincus, apprirent la langue du pays, plus douce

que la leur, et nécessaire pour toutes leurs transactions sociales ; mais ils la parlèrent mal, et avec des mots et des tours de leurs idiômes barbares. Ils y introduisirent les articles, substituèrent les propositions aux désinences variées des déclinaisons, et les verbes auxiliaires à celles des conjugaisons. Ils donnèrent des terminaisons latines à un grand nombre de mots celtiques, francs, germains et lombards, et, souvent aussi, les terminaisons de ces langues à des mots latins. Les Latins d'Italie n'étant plus retenus dans les limites de leur langue ni par l'autorité, ni par l'usage, ou plutôt s'en étant affranchis depuis long-temps, adoptèrent sans efforts, et même sans projet, cette corruption totale.

Entraînés par une pente insensible pendant le cours de plusieurs siècles, ils croyaient n'avoir point changé de langage, quand toutes les formes et les constructions même de l'ancien étaient changées, ils appelaient toujours latine une langue qui ne l'était plus.

On l'écrivait fort mal; mais on l'écrivait cependant encore dans les livres, et même dans les actes publics : les notaires étaient obligés de savoir le latin, et de rédiger dans cette langue tous leurs actes officiels ; mais on peut penser ce qu'était le plus souvent ce latin de notaire. Les mots du langage usuel s'y introduisirent en foule, et Muratori a trouvé dans plusieurs de ces contrats latins, non-seulement du onzième et du douzième siècle, mais de temps antérieurs, un grand nombre de mots non latins restés depuis dans la langue italienne.

Maintenant, si nous considérons avec lui la nature des langues, qui est de faire peu à peu leurs changemens, nous verrons que plus la langue italienne fut voisine de sa mère, la langue latine, moins elle se distingua d'elle, et moins elle eut de nouveautés; que plus elle s'en éloigna par le cours du temps, plus elle perdit de sa ressemblance; et qu'enfin, à force de mots et de terminaisons étrangères, elle se trouva revêtue des couleurs d'une langue tout-à-fait nouvelle. On la nomma vulgaire pour la distinguer du latin; et elle en était tellement distincte, qu'un patriarche d'Aquilée, Godefroy, vers la fin du douzième siècle, ayant prononcé devant le peuple une homélie latine, l'évêque de Padoue l'expliqua ensuite au même peuple en langage vulgaire. *Fontanini* dans son Traité de l'éloquence italienne, adopte la même opinion, et reconnaît la même origine et les mêmes degrés d'altération insensible et de formation nouvelle. C'est aujourd'hui le sentiment commun de tous les philologues italiens.

L'esprit sage et la saine critique de *Tiraboschi* ne pouvaient pas s'y tromper. C'est de cette union d'étrangers barbares avec les nationaux, et de leur long commerce, qu'il fait naître un langage d'abord informe et grossier, sans lois fixes, sans modèles à imiter, et livré aux inspirations du peuple. Il ne faut donc pas s'étonner, dit-il, si, pendant plusieurs siècles, on n'essaya pas d'écrire dans cette langue. D'abord il lui fallut beaucoup de temps pour se séparer totalement du latin, et pour devenir une langue à part. Ensuite, comme elle n'était en usage que parmi le peuple, les savans et les littérateurs n'osèrent pas l'introduire dans les livres; mais il s'en trouva enfin qui eurent le courage de le tenter, et qui osèrent employer, en écrivant, un langage qui jusque-là n'avait pas paru digne de cet honneur.

Toutefois, ces tentatives ne furent
P.

point osées sans les plus grandes réserves. Les écrivains, en se servant de ce nouveau langage, sollicitaient humblement l'excuse des lecteurs : ils les priaient de leur pardonner l'injure faite à l'illustre langue latine. La poésie donna la première le signal de l'affranchissement. On fait remonter ses premiers essais à la fin du douzième siècle, mais ils sont tellement informes, et ceux même d'une partie du treizième siècle ressemblent encore si peu à la véritable poésie italienne, qu'il paraît convenable de n'en fixer la naissance qu'au commencement du dernier de ces deux siècles.

Telle est l'origine de la langue italienne, et l'histoire de son introduction dans le domaine des arts et des sciences. Si nous étions de simples grammairiens, ce serait ici le cas de développer la composition matérielle de cette langue, et d'établir les principes de sa syntaxe, etc.... Mais il nous semble que la question doit être considérée de plus haut et puisque nous avons commencé l'histoire de la langue, nous ne saurions trouver la continuation de cet exposé autre part que dans une analyse rapide et chronologique des écrivains qui ont illustré l'Italie.

---

§ II. Des progrès de la langue italienne avant le Dante. — Période sicilienne.

Sous les deux Roger et les deux Guillaume, c'est-à-dire dans la première moitié du douzième siècle, la cour de Palerme étant devenue riche et voluptueuse, on y entendit, pour la première fois, retentir les chants des poëtes siciliens. C'est à la même époque qu'on vit les Arabes y acquérir un crédit et une influence qu'ils n'ont jamais exercée dans aucune autre cour chrétienne.

Lorsqu'à la fin du douzième siècle Frédéric II succéda aux monarques normands, il transporta de puissantes colonies de Sarrasins dans la Pouille; mais il ne les éloigna ni de son service ni de sa cour; il en composa son armée, et il choisit presque uniquement parmi eux les gouverneurs de provinces qu'il nommait *justiciers*. Ainsi, au levant comme au couchant de l'Europe, les Arabes se trouvèrent à portée de communiquer aux peuples latins leurs arts, leurs sciences et leur poésie.

« La langue latine, dit Sismonde de Sismondi, s'était absolument séparée de la langue vulgaire : les femmes ne l'apprenaient plus, et pour leur plaire, pour leur parler d'amour, il fallait adopter le langage auquel elles donnaient des grâces, le soumettre à des règles, et l'animer par cette sensibilité qu'une langue morte et pédantesque ne pouvait plus admettre. » En effet, toutes les compositions des Siciliens, pendant un siècle et demi, ne furent que des chants d'amour. De savans archéologues, parmi lesquels il faut placer le spirituel Ginguené, nous ont conservé le souvenir de ces chants et de quelques-uns de leurs auteurs.

On cite surtout une chanson d'un certain *Ciullo d'Alcamo*, Sicilien. Mais on ne sait rien de ce Ciullo, sinon qu'il vivait à la fin du douzième siècle. La chanson de ce poëte est composée de 32 strophes, dont les vers ne ressemblent à aucune espèce de genre connu. Cette chanson, où l'on retrouve de nouvelles preuves de l'influence de la poésie provençale sur les premiers essais de la langue poétique en Italie, commence par ces mots :

Rosa fresca aulentissima.....

Rose fraîche très-odorante, ...

Malgré cette chanson, l'honneur de la priorité poétique n'en demeure pas moins, suivant l'opinion de tous les auteurs, à Frédéric II, dont le mérite est d'autant moins contestable, que (suivant un mot connu) le Frédéric de Sicile n'avait pas, comme celui de Prusse, un Voltaire pour confident et pour maître.

Il n'est resté des poésies de Frédéric II qu'une ode ou chanson galante dans le genre de celle des Provençaux, et que l'on croit un ouvrage de sa jeunesse. On y voit la langue italienne, à sa naissance, encore mêlée d'idiotismes siciliens et de mots fraîchement éclos du latin. Ainsi *eo* venu d'*ego*, moi, était prêt à devenir *io*, et *meo*, mien, qui est le mot latin même, devint, peu de temps après, *mio*, mien.

Pierre des Vignes, chancelier de Frédéric II, imita son maître, et s'adonna à la poésie avec autant de succès qu'aux affaires politiques. Il nous reste de lui quelques *canzoni* fort curieuses. On y voit plusieurs comparaisons qui ravivent un peu l'uniformité des idées et des sentimens. Il se compare « à un homme qui est en mer, et qui a l'espérance de faire route quand il voit le beau temps ».

Come uom che é in mare ed ha speme di gire quando vede lo tempo , ed ello spanna. . .

Il voudrait ensuite, ce qui est d'une poésie peu noble, mais d'un sentiment assez délicat, « pouvoir se rendre auprès de sa maîtresse en cachette, comme un larron, et qu'il n'y parût pas. »

Or potess'io venire a voi , amorosa , come il ladron ascoso , e non paresse. . . . .

Il est douloureux de penser que Pierre des Vignes, qui laissa encore six livres de lettres latines, fort intéressantes pour l'histoire, mourut dans une prison, victime d'une affreuse calomnie, après avoir eu les yeux crevés par ordre de son maître abusé !

Pendant un siècle environ, les seuls travaux littéraires que présentent les diverses universités de l'Italie, sont des œuvres de grammaire et de rhétorique. Florence eut un grammairien dont la renommée effaça celle de tous les autres, c'est *Brunetto Latini*. Il était du parti des Guelfes. Chassé par les Gibelins, il se réfugia en France, et revint quelques années après dans sa patrie. Ce fut pendant son séjour dans le royaume français qu'il composa l'ouvrage auquel il dut ensuite la meilleure partie de sa réputation, il l'écrivit en français, et l'intitula *le Trésor*.

Brunetto fit à son retour en Italie d'autres ouvrages écrits dans la langue de son pays. M. Ginguené donne de curieux détails sur ces productions du treizième siècle. A cette époque quelques poëtes s'obstinaient encore à faire des vers latins. On cite *Henri de Septimello*, dont le poëme sur l'*Inconstance de la fortune*, *les consolations de la philosophie* mérite une place honorable dans la liste des œuvres antiques. Nous avons retenu avec plaisir les vers suivans, extraits d'une pièce adressée par Septimello à l'évêque de Florence :

Ergò vale, præsul : sum vester : spiritus iste
Post mortem vester, credite, vester erit.

Nous trouvons maintenant quelques poëtes aux noms obscurs, aux ouvrages ignorés. Mais, en même temps, on remarque le style incorrect et grossier, mêlé de sicilien et de provençal. Léon Allaci, ou Allacius, ancien compilateur, qui ne paraît dépourvu ni de saines critiques, ni de goût, place le nom de *Mazza di Ricco* parmi ceux des plus

anciens poëtes de l'Italie. Des six canzoni de Mazzeo, une seule nous paraît digne de quelqu'attention ; encore n'est-ce pas à cause de son mérite, mais parce que la forme provençale y est évidemment empreinte. C'est un dialogue entre deux amans, dans le genre des *pastourelles* des troubadours.

Guido delle Colonne, qui ne passe que pour historien, est l'auteur de deux chansons remarquables par la bizarrerie des pensées.

L'un des poëtes les plus féconds du siècle que nous passons en revue, *Jacopo* ou *Giacomo da Lentino*, commença à cultiver la poésie dans un moment de perfectionnement. On s'en aperçoit à son style, et surtout à la forme de ses sonnets. Le plus remarquable est celui où il se compare à un peintre qui fait un portrait, et qui le regarde en l'absence du modèle.

Ce que nous venons de dire suffira sans doute à donner une idée de ces anciens poëtes siciliens que l'on reconnaît pour les fils aînés de la muse italienne. Le signal donné par eux avait été bientôt suivi sur le continent. Des poëtes italiens s'étaient fait entendre à Bologne, à Pérouse, à Florence, à Padoue, et dans plusieurs villes de Lombardie. Parmi les poëtes de Bologne, on distingue surtout *Guido Guinizelli*, qui fut le premier à donner au style plus de force et de noblesse, et qui répandit, même dans ses poésies amoureuses, des sentimens élevés et des maximes que n'aurait pas désavoués l'école platonique.

Guittone d'Arezzo, contemporain de Guido Guinizelli, paraît avoir donné des formes plus fixes aux canzoni ou odes empruntées aux Provençaux. Ces deux personnages, *Guido Cavaletti*, et quelques autres moins connus, terminent la liste des poëtes italiens de cette première époque, dont M. Ginguené a fort bien analysé le mérite et les imperfections. « C'était beaucoup sans doute, dit ce savant critique, d'avoir enfin consacré par la poésie la langue vulgaire d'Italie, qui, jusque-là, ne servait qu'à l'usage du peuple; d'avoir abandonné aux écoles, aux tribunaux et aux chancelleries, le latin dégénéré qui y était encore admis, et d'avoir, dès le treizième siècle, plié l'idiôme naissant à ces formes gracieuses qui devaient nécessairement le perfectionner et le polir; mais quel dommage que dans ces essais un peuple si sensible, et en général si susceptible d'affections vives et de passions fortes, environné d'une nature si riche, et placé sous un ciel si beau, n'ait pas songé à célébrer les objets réels, les mouvemens et les vicissitudes de ces affections et de ces passions; à peindre ce beau ciel, cette riche nature; et, si ce n'est dans des descriptions suivies, à s'en servir au moins dans des comparaisons et dans les autres ornemens du style poétique et figuré! ....

.... « Un seul sujet occupe les premiers poëtes siciliens et italiens, c'est l'amour, non tel que l'inspire la nature, mais tel qu'il était devenu dans les froides extases des chevaliers passionnés pour des beautés imaginaires, et dans les galantes futilités des cours d'amour. Chanter est une tâche qu'ils remplissent: toujours force leur est de chanter; c'est leur dame qui l'exige, et ils doivent, dans leurs canzoni bien longues et bien traînantes, célébrer les incomparables beautés de leur dame. De temps en temps ils laissent échapper quelques expressions naïves qui portent avec elles un certain charme; mais, le plus souvent, ce sont des ravissemens ou des plaintes à ne point

tenir, et des recherches amoureuses et platoniques à dégoûter de Platon et de l'amour. ....

.... « De tous les sujets traités pas les Arabes et par les troubadours, ils n'en choisissent qu'un seul; et dans ce sujet, qui appartient à tous les temps et à tous les hommes, ils n'empruntent de leurs modèles que ces pointilleries et ces subtilités vagues qu'il aurait fallu leur laisser, même en imitant tout le reste; ils ne peignent rien de vrai, d'existant. On ne voit point leur maîtresse; on ne la connaît point : c'est un être de raison, une sylphide, si l'on veut, jamais une femme. On n'entend point les mots qu'ils se sont dits, les sermens qu'ils se sont faits, leurs querelles, leurs raccommodemens, leurs ruptures. On ne les voit ni attendre rien de réel, ni jouir, ni regretter; et ils trouvent le moyen de parler sans cesse d'amour, sans les espérances que l'amour donne, sans transports et sans souvenirs... »

Enfin, pour compléter cette première partie de l'histoire de la langue italienne, ajoutons encore quelques réflexions. La période de la liberté en Italie, aussi courte que brillante et vivifiante, laissa après elle une longue nuit de sommeil et de nullité. Pour les enfans dégénérés du despotisme et de la superstition, les héros et les écrivains des temps passés devinrent des géans qu'il était difficile d'imiter et impossible de surpasser. Tandis que les yeux des plus jeunes nations européennes se tournaient vers l'avenir, qu'elles anticipaient les perfectionnemens et provoquaient la réforme, les Italiens, fatigués et enchaînés, restaient fixés sur le passé; et la mémoire et le génie s'attachaient, avec un égal amour, une égale fidélité, aux triomphes de la littérature et des arts, dans

les treizième, quatorzième et quinzième siècles.

Le renouvellement de la littérature
grecque coïncide avec cette période de
splendeur passagère ; et quand ses trésors de poésie et de critique furent ouverts devant le génie italien, ils ont dû
l'éblouir par leurs richesses, et le dé-
courager par leur perfection. Dans le
même temps que les hommes opulens
s'efforçaient de sauver et de multiplier
les souvenirs de la civilisation des anciens, les littérateurs s'occupoient à
étudier leur philosophie et à imiter les
grâces de leur style.

Cette circonstance a sans doute contribué à la politesse, au raffinement,
à l'élégance, non-seulement de la langue
italienne, mais de toutes celles de l'Europe qui se sont trouvées dans la sphère
de son influence ; mais l'imitation raisonnable des anciens dégénéra bientôt
en copie servile, ou plutôt en adop-
tion générale de leurs idées, de leur
phraséologie, de leur mythologie, de
leurs notions amoureuses et des formes
de leurs meilleures compositions. A
mesure que la gloire nationale déclina,
les modèles étrangers et contraires au
génie national furent plus strictement
suivis, et la littérature devint toujours
plus factice. Enfin, éloigné de tout
sentiment et de toute passion capables
d'inspirer de la sympathie, elle devint
un arrangement de mots, un assorti-
ment de sons dénué d'énergie et d'intérêt.

---

§ III. De la langue italienne depuis le Dante jusqu'au
commencement du dix-neuvième siècle.

Nous avons vu que le langage des
Siciliens avait été adopté par les muses.
Aussi distinguait-on *la lingua corti-
giana*, mise bien au-dessus de tous les

dialectes de l'Italie. Cette langue était
devenue populaire en Toscane ; et avant
la fin du treizième siècle, plusieurs
poëtes de cette province, et même quelques prosateurs, lui donnèrent de la
fixité, et la portèrent presque au point
de perfection où elle est demeurée jusqu'à nous.

Ainsi, Ricordano Malaspina, qui
écrivait l'histoire de Florence en 1280,
peut être considéré encore aujourd'hui
comme égal au meilleur des auteurs
vivans, pour la pureté du langage et
l'élégance.

Ce n'est donc pas une étude de mots
que nous devons entreprendre, puisque
la langue n'offre d'autre caractère bien
tranché, qu'une tendance continuelle
à se débarrasser des formes proven-
çales ; mais, en examinant l'influence
de la pensée des auteurs qui grandirent
rapidement pendant toute la période
du quatorzième siècle, nous verrons de
quelle manière la langue italienne par-
vint bientôt à éviter le reproche que
M. Ginguené lui adressait avec raison à la fin du chapitre précédent.
D'ailleurs, cette influence de l'âme et
de l'intelligence ne fut pas seulement
sensible dans le choix des sujets qu'af-
fectionnaient les écrivains, désormais
dédaigneux des formes pastorales et
idylliques ; il en résulte encore pour
le ton général du langage, une modi-
fication particulière et un progrès signalé en force et en énergie. Si la
période provençale avait efféminé la
langue italienne, certes le quatorzième siècle lui donna une vigueur incroyable, sans pourtant exclure la dou-
ceur ; et pour détruire un préjugé que
nous avons rencontré maintes fois dans
la société actuelle, et qui consiste à
croire que la langue italienne est dé-
pourvue de force, et ne brille que par
sa grande harmonie, nous pourrions

opposer mille passages plus énergiques les uns que les autres.

Peu de chefs-d'œuvre ont mieux manifesté la force de l'esprit humain que le poëme du Dante, qui ouvre l'ère des grands progrès de la langue italienne. Complétement nouvelle dans sa composition comme dans ses parties, sans modèle dans aucune langue, la Divine Comédie.était le premier monument littéraire des temps modernes. Les commentaires qui nous ont été transmis sur cet admirable ouvrage fournissent la preuve de la modestie du Dante. Dans son ouvrage latin, intitulé : *De l'Eloquence ou du langage vulgaire*, il semble ignorer tout ce qu'il a fait pour la langue et la littérature italiennes. Mots nouveaux, formes hardies, figures pleines de noblesse et de poésie, pureté, grâce et richesse d'expressions, restées après lui, tels sont les divers mérites dont la langue lui est redevable. Son livre est d'ailleurs le dépôt des connaissances de l'époque. En indiquant jusqu'où était parvenue la science, il montre aussi combien de chemin il lui restait encore à faire.

Les imitateurs du Dante, parmi lesquels on cite *Jacopone di Todi*, ce moine qui, par humilité, se fit passer pour fou, ne firent que suivre de loin les traces de leur divin maître, et vulgariser en quelque sorte les formes de langage créées par lui.

Bientôt Pétrarque parut, et dans ce grand homme semblent se réfléter tous les défauts et toutes les qualités du quatorzième siècle. Amour mystique, vers chastes et corrects, jeux de mots souvent froids, tendresse langoureuse et platonicienne, voilà ce qu'on trouve au fond de tous les sonnets de Pétrarque. Mais si l'on envisage les grandes qualités qui le rendirent le premier homme de son époque, alors il faut

tenir compte de son amour ardent pour les sciences, de son enthousiasme glorieux pour tout ce qu'il y eut de grand et de noble chez les anciens dans la poésie, l'éloquence, les lois et les mœurs. Moins grandiose que le Dante, il se rapproche plus que lui du caractère spécial de la poésie italienne. Il fit sentir à ses contemporains tout le prix de la pureté dans l'expression d'un amour qui, chez lui, était si modeste et si religieux ; il donna à ses compatriotes une langue digne de rivaliser avec celles de la Grèce et de Rome. Enfin il répandit sur son siècle cet enthousiasme de la beauté antique, cette vénération pour l'étude, qui en renouvelèrent le caractère, et qui déterminèrent celui des temps à venir.

Instruit à cette école, et partageant les mêmes goûts, Boccace se livra aussi avec ardeur à l'étude des modèles anciens. Il n'est cependant connu que comme auteur de fort jolis contes, empruntés, dit-on, à des chroniques populaires. Nous ne parlerons de lui que sous ce dernier point de vue, car aussi bien, c'est là que se trouvent tous ses titres à être compté parmi les plus grands améliorateurs de la langue. Auparavant, on avait fait des contes pour rire ; le premier, il les transporta dans la littérature ; et par l'élégance de la diction, par la juste proportion de toutes les parties du récit, par le charme des détails, il joignit la jouissance poétique, la jouissance de l'art, au plaisir plus vulgaire qu'avaient fait éprouver les premiers conteurs.

Chose extraordinaire ! l'étude passionnée de l'antiquité dont Pétrarque et Boccace avaient donné l'exemple, fit rétrograder la langue. Au lieu de la perfectionner et de l'enrichir de chefs-d'œuvre qui fussent en rapport avec les mœurs et les idées modernes, on n'avait cherché qu'à copier servilement les anciens modèles. L'imitation trop scrupuleuse détruisit de cette manière tout esprit d'invention. Plus un homme était fait, par son rang ou par ses talens, pour acquérir un nom dans les lettres, plus il aurait rougi de cultiver sa langue maternelle ; il s'efforçait presque de l'oublier pour ne pas gâter son latin, et le peuple, devenu seul dépositaire de cette langue, qui avait déjà brillé d'un si grand éclat, la corrompait, et la faisait retourner vers la barbarie.

Le quinzième siècle est donc une époque d'études sérieuses du passé, de progrès dans les sciences, mais non pas dans la philologie. Laurent de Médicis, chef de la république florentine, et arbitre de toute la politique d'Italie, essaya de reprendre la poésie où Pétrarque l'avait laissée ; mais on juge bien que cette tentative fut infructueuse.

La fin du quinzième siècle vit paraître successivement Politien, Pulci, Boiardo et l'Arioste. A cette époque, les poëtes s'emparèrent de tous les vieux romans de chevalerie pour en varier un peu les aventures, et les mettre en vers. Mais la foi au merveilleux avait étrangement diminué ; aussi les récits que les anciens romanciers racontaient avec un sérieux imperturbable, ne pouvaient point être répétés par des Italiens, sans un mélange de moquerie : d'ailleurs l'esprit du siècle ne permettait pas encore de traiter en italien un sujet vraiment sérieux. Celui qui prétendait à la gloire devait écrire en latin ; le choix de la langue vulgaire indiquait déjà qu'on voulait se jouer, et cette langue avait pris en effet, dès le temps de Boccace, un caractère de naïveté mêlée de malice qui lui est demeuré, et qui devient surtout frappant dans l'Arioste.

Au seizième siècle la langue italienne écrite est entièrement formée, et admise par tous les écrivains. Bernardo Tasso, père de l'auteur de la Gerusalemme, publie son poëme d'Amadis ; Georges Trissin choisit pour sujet de son œuvre épique l'Italie délivrée des Goths par les armes de Bélisaire ; enfin Torquato Tasso, après avoir composé à 21 ans le poëme romantique intitulé : *Renaud*, émerveille le monde par la création de cette Jérusalem délivrée, qui range son auteur à côté d'Homère et de Virgile. A partir de cette œuvre magnifique, la langue italienne est une langue consacrée, propre à tous les sujets d'arts ou de sciences.

Il ne nous appartient pas d'analyser ici le génie et les œuvres du Tasse, qu'il nous suffise de dire que son nom signale l'époque de la plus grande gloire de la langue italienne. Les études étaient encouragées ; toutes les villes libres et tous les souverains de l'Italie s'efforçaient de s'assurer la gloire qui appartient aux protecteurs des lettres ; la paix au dedans, l'éloignement de nouvelles invasions de barbares, le développement simultané des sciences et des arts dans les autres états de l'Europe, tout concourait à favoriser l'Italie.

Pendant cette brillante période, la *bouche de l'ange de mémoire* murmure les noms de Sannazar, Ruccellai, Berni, Machiavel, l'Arétin. Il n'est pas jusqu'au théâtre qui, né au commencement du siècle, ne contribuât, dans son essor rapide, à populariser les richesses de la belle langue qu'on lui faisait parler.

Le dix-septième termine tout d'un coup un si brillant éclat. Les violences de guerres longues et désastreuses, une oppression universelle, systématique et régulière, épuisèrent l'Italie, et étoufffèrent le génie des citoyens qui auraient pu l'illustrer. Le règne défiant des trois *Philippe* d'Espagne, qui possédèrent en toute souveraineté une moitié de l'Italie ; le système d'une guerre éternelle dans lequel la cour de Madrid persista aussi long-temps que la maison d'Autriche régna en Espagne ; les cruautés impunies de troupes nombreuses de brigands ; les révoltes multipliées de divers petits états de la Toscane et de la Lombardie ; telles furent les causes générales de la décadence des lettres au dix-septième siècle en Italie, alors que les règnes de Louis xiii et de Louis xiv rendaient cette même période si glorieuse pour la France.

Le goût se corrompit ; des expressions étrangères s'introduisirent dans la langue abandonnée à une foule d'écrivains sans mérite. Cependant, parmi tous les monumens littéraires de cette époque malheureuse, nous avons distingué l'admirable sonnet de *Filicaia* sur l'Italie.

Le dix-huitième siècle nous ramène avec Métastase un retour de prospérité et de gloire. Métastase est un poëte dramatique dont la versification, dans le récitatif, est la plus douce, la plus harmonieuse, la plus pure dont aucune langue puisse se vanter. Après lui, Charles Goldoni devint aussi l'honneur du théâtre en Italie, et contribua à enrichir non-seulement la langue de ce pays, mais aussi la nôtre, puisqu'il fit représenter en 1770, à Paris, sa jolie pièce du Bourru bienfaisant. Enfin, Alfieri, chef d'une nouvelle école théâ-

trale, est encore un de ces beaux noms placés sur les confins du dix-huitième et du dix-neuvième siècle, qu'il importe de relever dans notre rapide énumération.

Plus nous nous sommes éloignés des premiers siècles, moins cette histoire abrégée de la langue italienne nous a offert de développemens. En effet, quand une langue est établie, que chacun la parle et l'écrit correctement, qu'elle sert d'organe à tous les représentans des sciences et de la littérature, alors son histoire se confond avec celles des hommes et de leurs œuvres intellectuelles. Là il ne nous est pas permis d'aller la chercher. Notre devoir à nous était d'assister à sa naissance, de la démêler clairement, de signaler ses accroissemens, ses modifications importantes, et l'influence générale qu'eurent sur elles les grands hommes des quatorzième, quinzième, seizième, dix-septième et dix-huitième siècles. Au point de vue actuel, chacun sait quel est à peu près l'état de la langue italienne envisagée comme langue et non comme littérature, ce qui est une autre question. A ne la regarder que comme langue, et à considérer les rapports fréquens des Italiens avec leurs conquérans du Nord, nous nous permettrons, avant de terminer ce chapitre, de présager des modifications prochaines dans la langue italienne. Il est impossible, en effet, que les formes allemandes du langage autrichien ne finissent point par laisser en Italie des traces plus ou moins considérables, combinées avec le langage indigène.

§ I. MUSIQUE ITALIENNE. — PREMIERS OPÉRAS.

De tous les arts, celui qui frappe les sens de la manière la plus directe, la musique, a conquis depuis quelques années une place importante dans la société moderne. Autrefois c'était une étude et un plaisir de prince, un art réservé à un petit nombre d'élus; aujourd'hui c'est le complément nécessaire de l'éducation. La demeure des femmes retentit des sons du piano; les amateurs composent, les femmes du monde font des romances et même des partitions. Rien ne prouve mieux la prépondérance du matérialisme sur le temps où nous sommes. La poésie, chose tout intellectuelle, est passée de mode; la littérature n'est plus qu'un métier, c'est la peinture et surtout la musique que l'on cherche et que l'on aime. Elles ne tiennent à l'âme que d'une manière secondaire : c'est par l'entremise des sens qu'elles pénètrent jusqu'à l'intelligence. Aussi devaient-elles conquérir tout leur pouvoir à une époque où le spiritualisme, étouffé par l'analyse et la philosophie, cède la place aux intérêts matériels.

Quelques contrées privilégiées se sont depuis long-temps livrées aux études musicales, avec un goût et un zèle au moins égal à celui que nous manifestons aujourd'hui. A la tête de ces pays éminemment artistiques, il faut placer l'Italie; on y a de tout temps fait de la musique, de la peinture, de la sculpture et de la belle et noble architecture. Chez nous, l'appréciation de ces arts est souvent proportionnée aux dépenses qu'ils entraînent, beaucoup plus qu'aux jouissances qu'ils procurent; en Italie, au contraire, les

P.

arts ont été cultivés pour eux-mêmes, et cette tendance libérale du génie de ce peuple nous est démontrée par les plus lointains souvenirs de l'histoire.

Une foule d'écrivains et d'artistes ont déjà maintes fois analysé le génie de la musique italienne. Tantôt douce et insinuante, tantôt folâtre et gaie, tantôt simple et naïve, tantôt enfin sublime et pathétique, tour à tour elle nous charme et nous enlève: des hardiesses expressives, des licences heureuses, des routes de modulations détournées et savantes, et néanmoins toujours naturelles, voilà son caractère et ses richesses. Pour connaître d'une manière plus approfondie ses ressources intimes, il faut consulter les partitions de ses compositeurs et les critiques admirables de Jean-Jacques Rousseau, de Fétis et de Castil-Blaze. Nous avons étudié les ouvrages théoriques de ces divers auteurs, et nous avons trouvé plus facile pour nous, et plus avantageux pour le lecteur curieux de s'instruire, de le renvoyer directement à ces œuvres que de lui en faire l'analyse. Un tableau rapide de la naissance de l'art musical en Italie, de ses progrès et de ses développemens, et un coup d'œil sur son état actuel, telle est la tâche que nous nous sommes imposée, et dont nous viendrons facilement à bout, car nous avons sous les yeux le précieux travail de M. Castil-Blaze sur le même sujet.

Les premiers opéras établis en Italie, vers 1430, eurent pour objet les mystères. On conçoit sans peine que la religion dut exercer une sublime influence sur les œuvres musicales. Aussi, tandis que l'église protestante, dont toutes les cantilènes sont fixées par la loi, s'oppose par cela même aux progrès de la musique, ces progrès sont vivement favorisés par le catholicisme qui s'adresse surtout à la passion. Un paysan italien, qui a entendu la messe en musique depuis son premier âge, qui, à force d'écouter chaque partie exécutée avec précision et netteté, a reçu le complément de son éducation musicale, assiste à la première représentation du Barbier de Séville de Rossini, rien ne lui échappe, il est bon juge, il comprend toute la partition, même dans ses finesses et ses délicatesses. Mettez à sa place un gentilhomme de Glascow, bien élevé, instruit, philosophe, poëte, si vous voulez, il sera de beaucoup inférieur au dilettante grossier dont nous venons de parler. La faculté d'entendre et d'apprécier la musique s'est perfectionnée et développée chez le paysan, elle est restée ensevelie chez l'Écossais.

En 1440, sur une place publique de Rome, on représente la Conversion de saint Paul, drame lyrique de Francesco Baverini. D'autres opéras du même genre succèdent à celui-là. Les opéras profanes ne paraissent que vers 1475. On cite à cette époque l'Orfeo, d'Ange Politien, et une tragédie en musique, exécutée à Rome en 1480, dont le cardinal Riatti, neveu du pape Sixte IV, avait fait les paroles. Plus tard, le pape Clément VI écrivit des livrets d'opéra, parmi lesquels on distingua *Didone*. Aux noces de Ferdinand de Médicis avec Christine de Lorraine, à Florence, on mit en scène un de ces drames en musique ou mêlés de musique. Tout n'était pas chanté dans ces premiers ouvrages ; celui-ci

avait pour titre : *Combat d'Apollon et du Serpent*. On sait quelle magnificence don Garin de Tolède, vice-roi de Sicile, déploya pour faire représenter l'Aminta du Tasse et une autre pastorale de Transille ; elles étaient accompagnées d'intermèdes et de chœurs, dont le jésuite Marotta fit la musique. Les papes avaient déjà un théâtre à décorations et à machines en 1500 ; et quand le cardinal Bertrand de Bibiena fit jouer devant Léon X la comédie de la Calandra, on y admira les peintures de Peruzzi. La science des machines et des décors sembla naître comme par enchantement. La magnificence et la variété des changemens de scène employés alors tiennent du prodige.

Quelques scènes d'une pastorale intitulée le *Sacrifice*, d'autres scènes de l'*Infortunée* et d'*Aréthuse*, furent représentées à la cour de Ferrare, vers 1550. Toute cette musique était dans le genre madrigalesque ; c'était du contre-point, et les instrumens de l'orchestre jouaient les mêmes parties que les acteurs, et chantaient sur le théâtre.

Emilio del Cavaliere, célèbre musicien de Rome, réussit à donner une allure moins lourde au contre-point de ses madrigaux dramatiques ; mais il ignorait l'art de débiter rapidement les paroles au moyen du récitatif. Toutefois, la tentative de ce maître fit grand bruit en Italie ; elle fixa l'attention de Jean Bardi, comte de Vernio. Les savans, les artistes, se réunissaient chez lui à Florence ; et, dans cette société d'hommes de mérite, on distinguait Vincent Galilée, père du célèbre astronome, Mei et Caccini. Le contre-point introduit dans le drame les révoltait ; ils voulurent remonter à la déclamation musicale des Grecs, et trouvèrent le récitatif. Galilée en fit d'abord l'essai dans *Ugolin*, épisode de la Divine Comédie qu'il mit en musique, et chanta lui-même en s'accompagnant de la viole. Il réussit complétement ; on admira sa découverte, et, sur-le-champ, Pierre Strozzi et Jacques Corsi, seigneurs florentins, partagèrent la noble ambition de leur compatriote Jean Bardi, et, concevant de grandes espérances au sujet du drame chanté, s'efforcèrent de l'élever à son plus haut degré de perfection. Pour y parvenir, ils choisissent Ottavio Rinuccini, le meilleur poëte de leur temps, et Giacomo Peri, de Florence, Giulio Caccini, de Rome, musiciens célèbres, et les engagent à composer pour eux un opéra que l'on exécuta à Florence, dans le palais Corsi. Le grand-duc de Toscane et sa cour, beaucoup de cardinaux et la plus brillante société suivirent les représentations de cet ouvrage, qui surpassa tout ce que l'on avait vu. La conduite de la poésie et la beauté de la musique le firent considérer comme un chef-d'œuvre. C'est sur ce modèle que les mêmes auteurs, proclamés avec raison comme les créateurs du genre composèrent leur opéra d'Eurydice, joué publiquement à Florence, à l'occasion du mariage de Henri IV, roi de France, avec Marie de Médicis. Giulio Caccini donna ensuite l'*Enlèvement de Céphale*, et Peri, *Ariane*.

Les cinq actes d'Eurydice se terminent chacun par un chœur. Tircis y chante des stances anacréontiques, précédées par un prélude de symphonie ; le dialogue est récité sur les tenues de la basse. Voilà donc le chœur, l'air, le récitatif, les ritournelles trouvées et employées dès les premiers temps du darme lyrique. Les partitions de *Daphné*, d'*Ariane*, de *Céphale*, de *Méduse* et *sainte Ursule*,

l'attestent encore. L'art du chant était à peu près inconnu, les instrumens, trop imparfaits, ne permettaient pas de tenter des efforts hardis. Malgré tant d'obstacles, l'opéra fut reçu avec un enthousiasme prodigieux.

Les inventions de Claude Monteverde, dans l'harmonie, donnèrent de nouvelles formes à la musique dramatique, en la débarrassant peu à peu du contre-point dont on était fatigué. Cet illustre maître établit à Venise un théâtre lyrique, où l'on joue, en 1630, l'*Enlevement de Proserpine*, dont il était l'auteur. *Soriano et F. Cavalli*, ses contemporains, composent aussi pour la scène. En 1639, on y représente les noces de Pelée de *Cavalli*.

On employait alors un grand nombre d'instrumens qui ne sont plus admis dans la symphonie. Chaque personnage dramatique avait son orchestre particulier, qui lui était départi selon les sentimens que sa voix devait exprimer. Ce moyen servait à varier les jeux de la symphonie ; il annonçait le retour du personnage que l'on avait déjà vu, et faisait succéder les groupes de trompettes aux sons filés des violons, aux arpèges des luths, à la douce mélodie des flûtes et des musettes.

La partition de l'Orfeo de Monteverde fait connaître la composition de l'orchestre qui l'exécuta en 1607. On y voit les parties de deux clavecins, deux contre-basses de viole, dix dessus de viole, une harpe double à deux rangs de cordes, deux petits violons à la française, deux grandes guitares, deux orgues de bois, trois basses de viole, quatre trombonnes, un jeu de régale (petit orgue), deux cornets, une petite flûte, un clairon, et trois trompettes à sourdines. Ces instrumens jouaient par groupes séparés, attachés à chaque personnage, à chaque chœur d'un caractère différent. Ainsi les contre-basses de viole accompagnaient Orphée, les dessus de viole Eurydice, les trombonnes Pluton, les jeux de régale Apollon. La petite flûte, les cornets, les clairons, les trompettes à sourdines, sonnaient avec le chœur des bergers, etc. Le chant de Caron, soutenu par les deux guitares, est ce que je trouve de plus singulier dans ces associations instrumentales et vocales.

Après les premiers résultats obtenus d'une manière si brillante par les découvertes et les travaux de Galilée, de Peri, de Caccini, de Monteverde, il semble que les progrès de l'opéra ont dû être très-rapides : point du tout. La stupidité des poëtes et l'incapacité des musiciens de l'Italie arrêtèrent cette précieuse invention pendant le dix-septième siècle, et, comme aujourd'hui, on se jeta à corps perdu à travers les machines, les décorations, les effets de spectacle.

Saint Paul et Vénus, Apollon et sainte Ursule, Neptune et Belzébuth figuraient dans ces opéras, et les poëtes, les musiciens, ne pouvant plus charmer l'esprit et le cœur, imaginèrent d'amuser, d'étonner les yeux. Plus la lanterne magique offrait de changemens, et plus l'opéra méritait les applaudissemens de la foule ébahie. Dans *le Dario* de Beverini on voyait le camp des Perses, et les éléphans chargés de tours remplies de combattans ; une grande vallée séparant deux montagnes, la place d'armes de Babylone, le parc des machines de guerre, le quartier général des Perses, la tente du roi Darius, le tombeau de Ninus, la cavalerie et l'infanterie rangées en bataille, les ruines d'un vieux fort, la salle du trône du palais de Babylone,

enfin l'extérieur du palais. La pièce est ce qu'on peut imaginer de plus ridicule, et la musique en est languissante et monotone. Les chanteurs profitèrent de la situation déplorable de la poésie et de la musique pour secouer le joug des faiseurs de livres, des compositeurs, pour conquérir l'estime du public, captiver son attention, et régner sur la scène. Caccini perfectionna le chant à voix seule ; il sut l'embellir de trilles, de traits employés avec goût ; et ces ornemens ajoutèrent au charme, à l'expression de la mélodie.

L'opéra bouffa ne date que de 1597. C'est alors que Brazio-Vecchi mit au jour son *Anti-Parnasso*, parade insipide, où figurent Arlequin, Briguella et un matamore castillan, personnage obligé de toutes les farces de cette époque. L'espagnol, l'italien, le bolonais, le bergamasque, et même l'*hébreu*, y sont mêlés dans le dialogue. La musique ne diffère point du genre adopté pour l'opéra sérieux ; mais elle paraît plus lourde et plus monotone dans la comédie.

Telle était la situation de l'opéra en Italie, lorsque le cardinal Mazarin fit représenter la *Finta pazza*, joyeuseté musicale de Strozzi, au Petit-Bourbon, devant le roi et la reine. En 1647, deux ans plus tard, une autre troupe italienne, appelée par le cardinal, et beaucoup mieux composée, débuta par un autre opéra, dont le titre n'a pas été conservé par les historiens, et lui fit succéder bientôt *Orfeo et Euridice*. Succès d'enthousiasme et de fanatisme que je décrirais d'une manière trop imparfaite.

Tandis que l'opéra s'essayait de la sorte en France, l'Allemagne voulut s'approprier ce genre de spectacle : mais on pensait que la langue allemande ne saurait convenir au discours chanté. Pour faire disparaître cet inconvénient, on imagina de dire en allemand le dialogue et de chanter les airs, les duos, le chœur en italien. Toute la partie dramatique était exposée d'une manière très-intelligible au moyen de la langue du pays, et l'on avait recours ensuite à l'italien pour l'expression des sentimens et des passions. C'était une bigarrure singulière : elle n'était pas plus ridicule que le dialogue parlé qui succède aux morceaux de chant dans nos opéras comiques. Cette absurdité deviendra intolérable, même pour les Français, quand ils auront pris une part plus active aux progrès de la civilisation. Notre opéra comique est encore dans l'enfance : une pièce parlée et chantée ressemble à une statue de marbre que l'on draperait avec de la serge.

§ II. De la musique italienne depuis Palestrina jusqu'à Cimarosa.

Nous avons assisté aux débuts de l'art musical en Italie ; suivons maintenant à travers les siècles, l'histoire des grands maîtres, qui portèrent cet art enchanteur à un si haut degré d'illustration. En 1529, naît à Préneste (Palestrina) un artiste qui dut à sa réputation précoce l'honneur d'être désigné par le nom du lieu qui lui avait donné le jour. La musique religieuse déclinait ; le pape Marcel II allait la bannir à tout jamais des temples consacrés au vrai Dieu, lorsque Palestrina lui fait entendre une messe composée d'après ses idées particulières. Cette messe, qui a été conservée sous le nom de *Messe du pape Marcel*, étonna tellement le saint père, qu'il

combla le musicien de présens et d'honneurs. Palestrina commence donc l'œuvre de la renaissance de la musique religieuse.

Quelques années plus tard, en 1694, Naples se glorifiait d'un grand maître qui suivait les traces de Palestrina, tout en cherchant à le surpasser. Le talent immense de Léonard Leo avait grandi sous les inspirations de Scarlatti. C'est lui qui le premier, en Italie, employa dans sa composition ces accompagnemens expressifs et variés, ce style grandiose et plein d'effet, qui caractérisent sa musique et qui ont servi de modèles à ses successeurs. Son *miserere* ne le cède ni au stabat de Pergolèse, son contemporain, ni à aucune autre composition du même genre. C'est là qu'il a déposé tout ce que la plus brillante imagination peut exprimer de grand et de sublime. Il attachait tant d'intérêt à l'exactitude de l'exécution, qu'il préparait les répétitions du miserere dès le mercredi des Cendres, et les continuait jusqu'à la semaine sainte, où ce morceau devait être exécuté.

A côté de ce beau nom qui resplendit encore des palmes accordées jadis aux opéras de *Sophonisbe*, d'*Olympiade*, de *Démophon*, etc., citons Pergolèse, l'admirable Pergolèse, le Raphaël de la musique italienne, qui, déchiré par les outrages de l'envie, alla passer ses derniers jours au pied du Vésuve, où, semblable au cigne expirant, qui redouble de mélodie au moment de mourir, il laissa à ses indignes contemporains le stabat et le salve regina comme un dernier et touchant adieu !

Voici le jugement de Grétry sur cette œuvre célèbre de Pergolèse : « Le stabat me paraît réunir tout ce qui doit caractériser la musique d'église dans le genre pathétique. La scène est trop longue cependant, et l'on sent que Pergolèse, malgré ses efforts, n'a pu trouver encore assez de couleurs pour varier son tableau sans sortir de la vérité. » Comme un nouvel hommage à la mémoire de ce grand maître, citons aussi quelques vers extraits d'un fragment publié jadis dans la Revue de Paris, par une de nos jeunes muses contemporaines, M. Antoni Deschamps :

Quand à Naples, autrefois, le jeune Pergolèse
De son génie ardent, ainsi qu'une fournaise,
Fit sortir du stabat les versets gémissans,
En extase ravi par ses propres accens,

Il n'appercevait pas, à cette heure suprème,
L'envie à l'œil de plomb, au teint livide et blème,
Qui l'écoutait chanter, et tenait à la main
Le poison qu'il devait boire le lendemain.

Pergolèse n'était plus, mais son génie avait survécu, et devait inspirer ses descendans. En 1714, la même année qui donnait au monde celui qui devait un jour acquérir tant de célébrité sous le nom de Gluck, les environs de Naples virent naître Jomelli. Instruit par les savantes leçons de Léonard Leo, Nicolo Jomelli composa des opéras et des ouvrages religieux dans un âge encore peu avancé. Plus heureux que Pergolèse, dont le premier et seul opéra avait échoué, grâce à une faction ennemic, Jomelli eut le plaisir d'entendre applaudir l'*Erreur amoureuse*, l'opéra d'*Actéus*, celui d'*Eumène*, de *Mérope*, d'*Achille à Scyros*, etc., en même temps que ses nombreux motets édifiaient les fidèles en les inondant de la plus douce harmonie.

Mais tous ces triomphes, si éclatans qu'ils fussent, ne sont pourtant pas comparables à ceux qui étaient réservés à Gluck. Sans doute, en formant cet habile compositeur, la nature imprima sur son front le sceau du génie; mais ce feu sacré ne devait se manifester en lui que dans un âge où depuis long-temps nos facultés intellectuelles ont acquis tout le développement dont elles sont susceptibles. Comme le citoyen de Genève, Gluck avait plus de quarante ans lorsqu'il mérita de fixer l'attention publique. Peut-être n'aurions-nous pas dû ranger son nom parmi les artistes italiens, puisqu'il est né dans le Haut-Palatinat, sur les frontières de la Bohême; mais nous n'avons pas oublié qu'il composa les opéras italiens d'*Hélène et Páris*, d'*Alceste* et d'*Orphée*; le reste de ses œuvres appartient à la scène française. On se rappelle quelles innovations il y introduisit. Qui n'a entendu parler de la querelle des gluckistes et des piccinistes? La faction de Gluck et celle de Piccini (né en 1728, à Bari, royaume de Naple), présentent entre elles des différences si grandes, qu'il est impossible de s'entendre quand on veut rapprocher les procédés employés par chacun d'eux. Quoi qu'en puissent dire les partisans du dernier, ses jolis chants ne sont que de la musique italienne. Mais les vieux amateurs tenaient aux trilles et aux cadences que venaient leur faire entendre les Fel et les Géliot.

D'autre part, les partisans de Gluck défendaient avec un acharnement incroyable la nouvelle école, appuyée sur le bon goût et sanctionnée par des progrès réels. Pauvre Piccini! combien tu eus à gémir de cette lutte où tu faillis perdre le succès de ton *Roland*! En vain la réconciliation entre les deux rivaux se fit-elle dans un souper et d'après les sollicitations empressées de Marie-Antoinette; la guerre recommença bientôt avec plus de fureur que jamais. Tandis que Gluck jetait noblement dans l'arène, comme gant du combat, son magnifique opéra d'*Armide*, Piccini répondait par *Iphigénie en Tauride!* Mais n'insultons pas un vaincu; n'oublions pas que, sans Gluck, Piccini aurait été l'homme unique de son siècle. D'ailleurs, le caractère dominant de ce maître est une mélodie touchante, un style clair et facile, une grande élégance de formes; et toutes ces qualités demandent après tout un éclatant hommage. Piccini mourut en France le 7 mai 1800. On peut voir son tombeau à Passy, dans le cimetière commun.

Un élève du conservatoire de Loreto, en 1735, après s'être fait remarquer pendant dix ans par la plus grande paresse, parut tout d'un coup un homme supérieur : c'était Guglielmi.

Il y a des hommes qui sont destinés à la célébrité. Plus de deux cents ouvrages de Guglielmi furent joués et applaudis dans l'espace d'un petit nombre d'années. Turin, Vienne, Dresde, Brunswick, Londres, se disputaient l'honneur et l'avantage de jouir de son talent fécond. A cinquante ans il était comblé d'éloges, de distinction et d'argent : une immense réputation le précédait. Paisiello et Cimarosa, qui se partageaient la palme et sur le théâtre de Naples, et sur tous ceux d'Italie, en furent alarmés. Le premier forma une cabale puissante contre son ancien camarade. Cimarosa, d'un caractère plus doux, resta tranquille. Guglielmi allait faire représenter un opéra bouffon, et, suivant l'usage italien qui condamnait chaque compositeur à diriger lui-même les trois premières représentations de son ouvrage, il se tenait près du clavecin de l'orchestre lorsqu'il pressentit l'orage qui allait éclater contre lui. La toile est levée ; les sifflets commencent. Guglielmi veut leur imposer silence ; ils redoublent. Enfin il est prêt à renoncer à poursuivre la pièce, lorsque le roi entre dans sa loge. Chacun se tait. On écoute, d'abord avec mécontentement, puis avec calme, enfin avec plaisir. Un admirable quintette est commencé : on le redemande ; on le couvre d'applaudissemens. Divers morceaux se succèdent ; même approbation, même triomphe. Les acteurs s'enhardissent ; ils font des merveilles, et quand la toile est tombée, amis et ennemis s'unissent en un concert de louanges pour féliciter l'auteur d'un ouvrage qui a ramené tout le monde au même sentiment d'admiration.

Paisiello le Tarentin , Cimarosa, l'élève de Sacchini, ce brillant auteur d'*OEdipe à Colonne*, ouvrage dont le succès fut aussi complet qu'extraordinaire, sont les deux noms qui terminent notre courte notice sur les meilleurs compositeurs de l'Italie. Qu'on ne nous accuse pas d'omettre des noms dignes d'une égale célébrité. Maint ouvrage a déjà signalé les progrès que l'art a fait sous l'influence des Traetta, des Scarlatti, des Duranti, des San-Martini, des Majo, et de tant d'autres illustres compositeurs. Nous aurions désiré aussi consacrer quelques lignes à chacun des habiles exécutans qui ont concouru à l'illustration de l'Italie musicale; mais, pour rendre un digne hommage à chacun d'eux, ce sont des volumes qu'il faudrait, et nous n'avions qu'un chapitre à donner à ce sujet intéressant.

§ III. Temps modernes. — Rossini.

Les plus grands changemens de la musique moderne datent de Haydn, de Mozart, de Rossini. Les deux premiers maîtres appartiennent à d'autres historiens. Occupons-nous du dernier.

Voici bientôt quinze ans qu'on ne peut plus donner un concert sans que Rossini en fasse les frais. Je me souviens qu'il y a peu de temps, l'académie de Londres essaya de composer son concert annuel de morceaux empruntés à tous les maîtres, excepté à Rossini. Telle est la fascination exercée par ce maître, qu'à peine put-on écouter le concert jusqu'au bout. Les plus beaux morceaux de Jomelli, de Gluck et de Cimarosa semblaient pâles et sans vie. On était déjà blasé par l'auteur de la Cenerentola ; les traits brillans, la rapidité et la verve de ses mélodies avaient gâté le public. Il lui fallait les triolets, les arpéges, l'accentuation forte, vive et brillante de Rossini. Sa magie est pour ainsi dire physique et sensuelle. Le charme de Mozart est plus intellectuel et plus passionné, celui de Haydn est plus vif et plus pittoresque. Mozart correspond à la révolution française, et à cette animation turbulente des esprits qui entraîna l'Europe dans son tourbillon ; Rossini appartient à une époque de matérialisme achevé, de corruption décisive, de repos sensuel ; c'est le musicien des hommes qui ne veulent que jouir et demander à la vie autant de volupté matérielle qu'elle peut en donner. Quand les autres compositeurs se contentent de marcher au pas, il court, il bondit, il galope, il prodigue les mélodies aventurées ! Et ce ne ne sont pas seulement les voix de ses acteurs qu'il charge de chanter ces mélodies si variées et si brillantes ; c'est dans l'orchestre qu'il les jette au hasard, c'est à tous les instruments qu'il les confie tour à tour. Il sème les motifs de chant avec une profusion sans égale ; on voit que les richesses de son génie l'entraînent ; il ne craint pas de répandre au hasard les trésors qu'il possède. Son accentuation est plus vive, son rhythme est plus marqué, sa marche plus fougueuse, son style pathétique même plus violent et plus emporté.... Il fait de la musique comme Bonaparte gagnait des batailles—à la course.

Un des caractères les plus remarquables de Rossini, c'est le luxe des notes qui distingue ses compositions, luxe tellement exagéré, que souvent le motif principal disparaît et s'efface sous les ornemens qui le surchargent. Les ennemis de Rossini lui ont vivement reproché cette surabondance. Elle tenait sans doute au penchant naturel de son génie; mais il faut le dire aussi, l'état de la musique sur les théâtres d'Italie a dû pousser Rossini dans cette voie. Tout chanteur à la mode ne pouvait s'empêcher de dénaturer la cantilène, qui disparaissait comme ces lettres gothiques entourées de mille arabesques bizarres entassés par le talent de l'enlumineur. Souvent le mérite réel des compositions de Rossini s'effaçait aux yeux du public, que séduisaient l'agilité de la voix et les brillantes arppeggiatures des virtuoses. Fatigué de perdre ainsi la récompense de son travail, et de voir ses plus gracieuses créations dénaturées par des chanteurs sans talent, Rossini résolut d'introduire lui-même dans ses ouvrages tous les ornemens possibles : c'est ce qu'on peut appeler sa seconde manière; il ne s'en tint pas là, mais voyant quelle prépondérance le genre allemand acquérait chaque jour, il s'empara de toutes les ressources et de toutes les combinaisons de l'harmonie. Alors naquit sa troisième manière, celle de Moïse et de Guillaume Tell. Quel homme que ce Rossini! Il s'est assimilé toutes les écoles, il a saisi tous les moyens de succès. A peine quelques compositeurs, Auber, Bellini, Meyer-Beer, Hérold, ont-ils pu se faire entendre, encore a-t-il fallu que leurs compositions s'imprégnassent du style à la mode. Quels que soient leurs rangs respectifs et quelque différence que l'on puisse trouver entre eux, leur chef commun c'est Rossini : tous, ils ont été forcés d'adopter sa méthode, de se modeler sur lui, enfin d'imiter sa verve en l'affaiblissant.

———

Après ces travaux sommaires sur la langue et la musique italiennes, il fallut songer définitivement à notre retour en France, à quitter l'Italie !.... Cette idée nous était douloureuse comme celle d'une séparation éternelle. La nuit qui précéda notre départ de Gliss, tous les souvenirs des premières sensations que j'avais éprouvées en mettant le pied sur le sol romain, me revinrent en foule. Le plus bel éloge d'un bonheur écoulé ne consiste-t-il pas

à détailler dans sa mémoire les moindres circonstances qui l'accompagnèrent jadis ? Que de fois, en m'éloignant, je répétai ces strophes de Goëthe, dont, à mon arrivée, j'avais salué la noble Italie !

Connais-tu cette terre où les myrthes fleurissent,
Où des sons enchanteurs dans les airs retentissent,
Où la plus belle nuit succède au plus beau jour,
Où le rayon du ciel est un baiser d'amour ?
Ami, la connais-tu ? suis ta fille chérie.
Partons, viens avec moi; viens y passer ta vie !

La terre des parfums, des fleurs et de l'encens,
Où les airs sont plus purs, les flots plus caressans,
Ami, la connais-tu! Là règne le génie.
Symboles immortels d'amour, de poésie,
Là cent marbres muets deviennent éloquens !
Viens, ami, viens, suis-moi; partons pour l'Italie.

L'Italie ! heureux ceux qui n'en sortent plus ! car cette terre sacrée ne peut être abandonnée qu'avec regrets et larmes ! L'Italie ! c'est là que l'artiste, l'homme de poésie et de sentiment aime à fonder son tabernacle ! Raphaël songeait au bonheur calme et pur que Rome seule peut donner, lorsqu'il peignit la transfiguration. Michel-Ange mit en œuvre d'architecture la théorie du Thabor, et bâtit à Rome trois tentes, Sainte-Marie-des-Anges, le Capitole, le dôme du Vatican, une pour lui, une pour Virgile, une pour Dieu.....

NOTE DE L'ÉDITEUR.

Notre but était de donner un tableau de l'Italie plutôt que de présenter une description détaillée de chaque monument ; aussi ,pour mettre sur la voie les personnes qui voudraient de plus amples détails, nous avons indiqué, dès notre première livraison, une grande quantité d'ouvrages sur le pays que nous nous proposions de faire connaître; nous ajoutons à cette liste l'indication d'un ouvrage d'érudition architecturale sur le pont de Rialto, monument qui se lie tout à la fois aux arts et à l'histoire de Venise.

Essai historique sur le pont de Rialto, par Antoine Rondelet, architecte. 1 vol. grand in-quarto, imprimé par Firmin Didot, et orné de douze planches. Il est peu de monumens qui jouissent d'une aussi grande célébrité. Mais s'il n'est pas du nombre de ceux dont le mérite puisse être apprécié à la première vue ; il faut convenir qu'il n'en existe pas dont le souvenir se grave plus facilement dans la mémoire, et qu'il ne lui manquait que d'être mieux connu pour occuper le rang qui lui convient dans les annales de l'architecture.

Nous devons aussi recommander la lecture si attachante de l'ouvrage de M. Charles Desobry, intitulé : Rome au siècle d'Auguste, ou voyage d'un Gaulois à Rome à l'époque du règne d'Auguste et pendant une partie du règne de Tibère. C'est, comme on l'a déjà dit, un livre d'une érudition solide et profonde, une mosaïque bril-

lante et ingénieuse, où les détails de mœurs, d'intérieur, de goût, se trouvent heureusement encadrés dans les usages publics, les coutumes nationales et les institutions domestiques des Romains. Ainsi M. Charles Dezobry a su puiser dans tous les auteurs anciens ce qui pouvait faire connaître l'Italie antique, de même que nous avons cherché à présenter son état actuel, tel qu'il s'offre aux yeux du voyageur. C'est le complément de notre ouvrage.

Ce que M. Dezobry a fait pour les mœurs de Rome antique , M. Luigi Canina l'a fait pour les monumens dans son grand ouvrage intitulé : L'architettura antica descripta e dimostrata coi monumenti , dall architetto Cav. Luigi Canina , accademico di merito residente della pontifica accademia di san Luca , etc. etc.

Le but de ce bel ouvrage, publié à Rome, est de faire connaître l'histoire, la théorie de l'art de bâtir des principaux peuples anciens, et la construction des monumens qui nous ont été conservés.

Il fallait réunir un grand nombre d'ouvrages d'un prix très-élevé, et faire de longues recherches pour avoir les vues des monumens, leurs détails architectoniques, et connaître les restaurations dues aux savans des diverses époques : M. le chevalier Canina a fait usage de tous les travaux de ses prédécesseurs, de tous les documens procurés par les nouvelles fouilles, et il en est résulté un recueil de gravures et un traité, qui laissent loin derrière eux tout ce qui a été publié jusqu'à ce jour.

Deux cent vingt-cinq planches in-folio et 3 vol. in-8 renferment l'histoire et la théorie de l'architecture romaine avec la description des monumens. On peut voir cet ouvrage chez l'éditeur de l'Italie.

L'histoire pittoresque de la Syrie, de la Palestine, de Babylone et de l'Égypte, ont tant de rapports avec celle de l'Italie, que nous mentionnerons encore les ouvrages suivans :

MUSÉE DES ANTIQUITÉS ÉGYPTIENNES, OU Recueil des monumens Égyptiens, architecture, statuaire, glyptique et peinture ; accompagné d'un texte explicatif, par Ch. Lenormant, conservateur adjoint du cabinet des médailles et antiquités de la bibliothèque royale. Les ouvrages sur l'Égypte sont d'un prix très-élevé : celui-ci résume tout ce qui a été dit, et les innombrables figures qu'il renferme sont propres à bien faire connaître ce berceau de l'histoire et des sciences.

LA TERRE-SAINTE et les lieux illustrés par les apôtres : vues pittoresques, d'après Turner, Harding et autres célèbres artistes ; histoire, description, mœurs actuelles. Dédié à monseigneur l'évêque de Chartres, par MM. l'abbé Gr., du diocèse de Versailles, et A. Egron, l'un des collaborateurs aux Nouvelles Annales des voyages.

Cet ouvrage contient 48 planches très-bien gravées par MM. Aubert, Léonce L'Huillier, Ransonnette et Emile Rouargue. Il a été publié en 25 livraisons à cinquante centimes.

L'Italie nous rappelle encore les campagnes des armées françaises, et nous citerons la jolie collection intitulée : L'EMPEREUR NAPOLÉON, tableaux et récits des batailles, combats, actions et faits militaires des armées sous leur immortel général, 90 gravures, par Réveil, d'après les peintures du musée de Versailles et autres monumens.

L'Éditeur de L'ITALIE a extrait de son MUSÉE DE PEINTURE ET DE SCULPTURE les gravures des tableaux et statues que renferme cette riche patrie des arts. Il a publié cette suite en 4 vol. petit in-8, renfermant 332 planches, et du prix de 26 francs.

PIÉMONT, SARDAIGNE, SIMPLON.

TABLE DES PRINCIPAUX LIEUX CITÉS

ET

PLACEMENT DES PLANCHES.

L'ITALIE.

TABLE

ALPHABÉTIQUE GÉNÉRALE.

L'ouvrage étant divisé en cinq parties, dont chacune a une pagination particulière, on les a distinguées par des lettres initiales :T., Toscane ;—N., Naples et Sicile;—R., Rome et Etats Romains ;—L. (Lombardo), Venise, Milan, Royaume Lombardo-Vénitien et Etats dépendans ; —P., Piémont et Sardaigne.

FIN DE LA TABLE ALPHABÉTIQUE GÉNÉRALE.

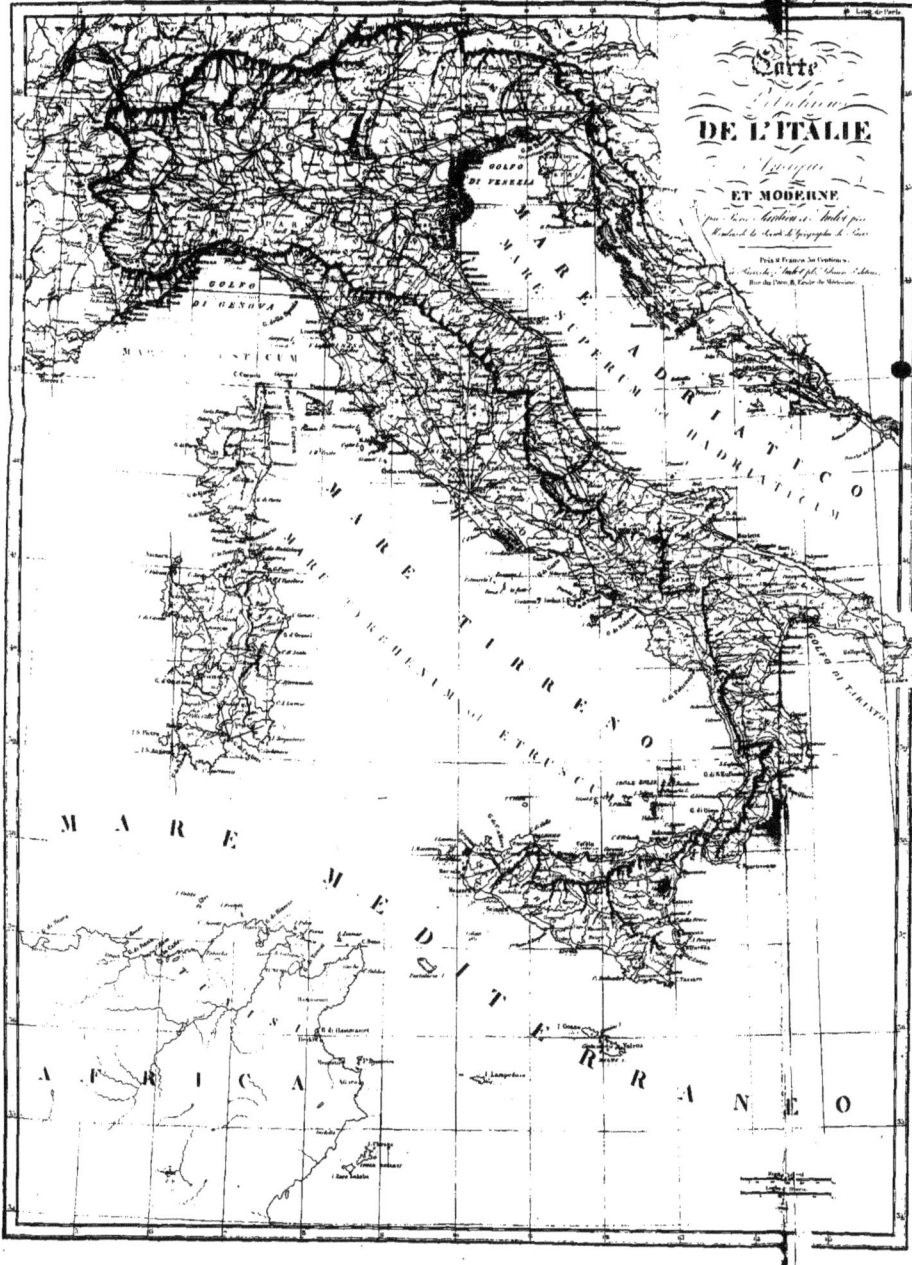